MARIA:
GRAÇA E ESPERANÇA EM CRISTO

Coleção OIKOUMENE

Dizer a verdade na caridade: a autoridade de ensinar entre católicos e metodistas – Comissão Mista: Igreja Católica Romana e Conselho Metodista Mundial
Maria: graça e esperança em Cristo – Comissão Internacional Anglicano-Católica Romana
Vida em Cristo: moral, comunhão e a Igreja – Comissão Internacional Anglicano-Católica Romana

Comissão Internacional Anglicano-Católica Romana

MARIA:
GRAÇA E ESPERANÇA EM CRISTO

Paulinas

Dados Internacionais de Catalogação na Publicação (CIP)
(Câmara Brasileira do Livro, SP, Brasil)

Comissão Internacional Anglicano-Católica Romana
  Maria: graça e esperança em Cristo / Comissão Internacional Anglicano-Católica Romana; [tradução Débora Balancin. – São Paulo : Paulinas, 2005. – (Coleção oikoumene)

  Título original: Mary: grace and hope in Christ
  ISBN 85-356-1555-5

  1. Comunhão Anglicana - Relações - Igreja Católica 2. Igreja Católica - Relações - Comunhão Anglicana 3. Maria, Virgem, Santa - Culto 4. Maria, Virgem, Santa e a Igreja I. Título. II. Série.

  05-3714   CDD-232.91

Índice para catálogo sistemático:
1. Maria, Mãe de Jesus : Mariologia : Doutrina cristã   232.91

Título original da obra: *Mary: Grace and Hope in Christ*

Direção-geral: *Flávia Reginatto*
Editora responsável: *Vera Ivanise Bombonatto*
Tradução: *Débora Balancin*
Copidesque: *Mônica Elaine G. S. da Costa e Marina Mendonça*
Coordenação de revisão: *Andréia Schweitzer*
Revisão: *Leonilda Menossi*
Direção de arte: *Irma Cipriani*
Gerente de produção: *Felício Calegaro Neto*
Capa e Produção de arte: *Cristina Nogueira da Silva*

Nenhuma parte desta obra poderá ser reproduzida ou transmitida por qualquer forma e/ou quaisquer meios (eletrônico ou mecânico, incluindo fotocópia e gravação) ou arquivada em qualquer sistema ou banco de dados sem permissão escrita da Editora. Direitos reservados.

Paulinas

Rua Pedro de Toledo, 164
04039-000 – São Paulo – SP (Brasil)
Tel.: (11) 2125-3549 – Fax: (11) 2125-3548
http://www.paulinas.org.br – editora@paulinas.org.br
Telemarketing e SAC: 0800-7010081

© Pia Sociedade Filhas de São Paulo – São Paulo, 2005

PREFÁCIO DOS CO-PRESIDENTES

Na jornada contínua em busca da unidade plena, a Igreja Católica Romana e as Igrejas da Comunhão Anglicana têm, por muitos anos, considerado inúmeras questões relativas à fé que compartilhamos e a maneira como a articulamos na vida e na adoração nas nossas duas famílias de Fé. Submetemos as Declarações de Acordo à Santa Sé e à Comunhão Anglicana para comentários, esclarecimentos adicionais, se necessário, e união de consentimentos que sejam harmoniosos com a fé de anglicanos e católicos romanos.

Ao organizarmos estas Declarações de Acordo, concentramo-nos nas Escrituras e na tradição comum que antecede a Reforma e a Contra-Reforma. Como nos documentos anteriores da Comissão Internacional Anglicano-Católica Romana – ARCIC, procuramos usar uma linguagem que reflita o que temos em comum e que transcenda as controvérsias do passado. Ao mesmo tempo, nesta Declaração temos de enfrentar definições dogmáticas que são parte essencial da fé dos católicos romanos, mas que são em grande parte estranhas à fé dos anglicanos. Os membros da ARCIC, com o passar do tempo, empenharam-se na aceitação da maneira de fazer teologia de católicos e anglicanos e consideraram, juntos, o contexto histórico em que certas doutrinas foram desenvolvidas. Ao fazer isso, aprendemos a ver de nova maneira nossas próprias tradições, iluminadas e aprofundadas pela compreensão e apreciação das tradições de cada um.

Nossa Declaração de Acordo sobre a bem-aventurada Virgem Maria como modelo de graça e esperança é um reflexo poderoso dos esforços para encontrar o que temos em conjunto e celebrar aspectos importantes da nossa herança comum. Maria, Mãe de nosso Senhor Jesus Cristo, permanece, perante nós, como exemplo de devota obediência, e o seu "que se cumpra em mim conforme a tua palavra" é a resposta cheia de graça que cada um de nós é chamado a dar a Deus, tanto individual quanto comunitariamente, como Igreja, corpo de Cristo. É como figura da Igreja, seus braços erguidos em oração e louvor, suas mãos abertas em receptividade e disponibilidade ao derramamento do Espírito Santo, que somos um em Maria quando ela glorifica o Senhor. "Sim", ela declara em seu cântico no evangelho de Lucas, "doravante todas as gerações me proclamarão bem-aventurada".

Nossas duas tradições compartilham muitas das mesmas festas associadas a Maria. Por experiência, sabemos que é no campo da celebração que realizamos nossa mais profunda convergência, quando agradecemos a Deus pela Mãe do Senhor que está conosco nesta vasta comunidade de amor e oração, que chamamos comunhão dos santos.

Seattle, 2 de fevereiro de 2004.

Festa da Apresentação

Alexander J. Brunett
Arcebispo de Seattle, EUA

Peter F. Carnley
Arcebispo de Perth e
Primaz da Igreja Anglicana da Austrália

STATUS DO DOCUMENTO

O presente documento é um trabalho da Comissão Internacional Anglicano-Católica Romana – ARCIC. É uma Declaração conjunta da Comissão. As respectivas autoridades da Igreja Católica Romana e da Comunhão Anglicana que indicaram a Comissão permitiram a publicação desta Declaração de Acordo para sua ampla reflexão e discussão.

As citações bíblicas são da *Bíblia – Tradução Ecumênica* (TEB), Edições Loyola, São Paulo, 1995. Em alguns casos, são oferecidas traduções livres.

MARIA
GRAÇA E ESPERANÇA EM CRISTO

Declaração de Seattle

INTRODUÇÃO

1. Ao honrar Maria como Mãe do Senhor, todas as gerações de anglicanos e católicos romanos têm repetido a saudação de Isabel: "Tu és bendita mais do que todas as mulheres; bendito é também o fruto do teu ventre!" (Lc 1,42). A ARCIC oferece esta Declaração de Acordo sobre o lugar de Maria na vida e doutrina da Igreja, na esperança de que expresse nossa fé comum naquela que, de todos os crentes, é a mais próxima do nosso Senhor e Salvador, Jesus Cristo. Fazemos isso a pedido de nossas duas Comunhões. Bispos anglicanos e católicos romanos, reunidos sob a liderança do arcebispo de Canterbury, dr. George Carey, e do cardeal Edward I Cassidy, presidente do Pontifício Conselho para a Promoção da Unidade Cristã, em Mississauga, Canadá, em 2000, solicitaram "um estudo sobre Maria na vida e doutrina da Igreja". Este pedido relembra a observação do Relatório de Malta (1968) de que "diferenças reais ou aparentes entre nós vêm à tona em questões como [...] as definições mariológicas" promulgadas em 1854 e 1950. Mais recentemente, em *Ut unum sint* (1995), o papa João Paulo II identificou, como uma área carente de estudos das tradições cristãs, antes que um consenso de fé seja alcançado, "a Virgem Maria, Mãe de Deus e Ícone da Igreja, Mãe espiritual que intercede pelos discípulos de Cristo e pela humanidade inteira" (n. 79).

2. A ARCIC já se pronunciou sobre este tópico anteriormente. A declaração *Autoridade na Igreja II* (1981) apresenta um grau de concordância significativo:

> Nós concordamos que só pode haver um mediador entre Deus e o homem, Jesus Cristo, e rejeitamos qualquer interpretação do papel de Maria que obscureça essa afirmação. Nós concordamos em reconhecer que a compreensão cristã sobre Maria está inseparavelmente ligada à doutrina de Cristo e da Igreja. Nós concordamos em reconhecer a graça e a vocação única de Maria, Mãe de Deus encarnado (*Theotókos*), em observar suas festas e em assentirmos com sua honra na comunhão dos santos. Nós concordamos que ela foi preparada pela graça divina para ser a mãe do nosso Redentor, por quem ela mesma foi redimida e recebida na glória. Nós concordamos ainda em reconhecer Maria como um modelo de santidade, obediência e fé para todos os cristãos. Aceitamos que é possível tê-la como uma figura profética da Igreja de Deus tanto antes como depois da Encarnação (n. 30).

O mesmo documento, no entanto, aponta algumas diferenças remanescentes:

> Os dogmas da Imaculada Conceição e da Assunção suscitam um problema especial para os anglicanos, que não consideram que as definições precisas dadas por esses dogmas sejam suficientemente apoiadas pela Escritura. Para muitos anglicanos, a autoridade de ensinar do bispo de Roma, independente de um concílio, não é recomendada pelo fato de que, por meio dela, estas doutrinas marianas foram proclamadas como dogmas totalmente confiáveis. Os anglicanos também questionam se, em uma eventual união futura entre as duas Igrejas, eles teriam de aceitar tais declarações dogmáticas (n. 30).

Tais reservas em particular foram feitas na *Resposta da Santa Sé ao Relatório Final* (1991, n. 13). Tomando essas crenças comuns e essas questões como ponto inicial para nossa reflexão, somos capazes agora de estabelecer outras declarações importantes sobre o lugar de Maria na vida e na doutrina da Igreja.

3. O presente documento propõe uma declaração mais completa de nossa crença em comum a respeito da bem-aventurada Virgem Maria, e, para tanto, fornece o contexto para uma apreciação conjunta do conteúdo dos dogmas marianos. Também apontamos para as diferenças de prática, incluindo a invocação explícita de Maria. Este novo estudo de Maria beneficiou-se das nossas análises prévias da recepção em *O dom da autoridade* (1999). Lá concluímos que, quando a Igreja recebe e reconhece como expressão verdadeira da tradição transmitida definitivamente aos apóstolos, esta recepção é, ao mesmo tempo, um ato de fidelidade e de liberdade. A liberdade para responder de maneiras inéditas ao surgimento de desafios novos é o que possibilita à Igreja ser fiel à tradição que traz consigo. Em outros tempos, alguns elementos da tradição apostólica podem ter sido esquecidos, negligenciados ou deturpados. Em tais situações, recorrer de novo à Escritura e à tradição é o meio pelo qual a revelação de Deus em Cristo é rememorada: nós chamamos esse processo de *re-recepção* (cf. *Dom*, nn. 24-25). O progresso no diálogo e no entendimento ecumênico sugere que temos, agora, a oportunidade de re-receber juntos a tradição do lugar de Maria na revelação de Deus.

4. Desde sua origem, a ARCIC busca rever com afinco posições opostas ou enraizadas para descobrir e desenvolver nossa herança comum de fé (cf. *Autoridade I*, n. 25). Seguindo *A Declaração Comum*, em 1966, do papa Paulo VI e do arcebispo de Canterbury, dr. Michael Ramsey, continuamos nosso "sério diálogo [...] fundado nos evangelhos e nas antigas tradições comuns". Ques-

tionamos até que ponto a doutrina ou devoção a Maria pertence à "recepção" legítima da tradição apostólica, de acordo com as Escrituras. Essa tradição tem como ponto central a proclamação da "economia da salvação" trinitária, ao fundar a vida e a fé da Igreja na comunhão divina do Pai, Filho e Espírito. Procuramos entender a pessoa e o papel de Maria na história da salvação e na vida da Igreja à luz da teologia da graça e esperança. Tal teologia está profundamente enraizada na experiência duradoura de adoração e devoção cristãs.

5. A graça de Deus clama por uma resposta humana (cf. *Salvação e a Igreja*, 1987, n. 9). Isso pode ser visto no evangelho da Anunciação, em que a mensagem do anjo evoca a resposta de Maria. A Encarnação e tudo o que ela envolve, inclusive a paixão, morte e ressurreição de Cristo e o nascimento da Igreja, iniciou-se com o livre e total *fiat* de Maria – "Aconteça-me segundo a tua Palavra" (Lc 1,38). Reconhecemos no acontecimento da Encarnação o gracioso "Sim" de Deus à humanidade como um todo. Isso nos faz lembrar, mais uma vez, as palavras do Apóstolo em 2Cor 1,18-20 (*Dom*, nn. 8ss): todas as promessas de Deus encontram seu "Sim" no Filho de Deus, Jesus Cristo. Nesse contexto, o *fiat* de Maria pode ser visto como o exemplo supremo do "Amém" do crente em resposta ao "Sim" de Deus. Os discípulos cristãos respondem ao mesmo "Sim" com seu próprio "Amém". Desse modo, eles sabem que são todos filhos do Pai celeste, nascidos no Espírito como irmãos e irmãs de Jesus Cristo, inseridos na comunhão de amor da Trindade abençoada. Maria simboliza tal participação na vida de Deus. A resposta dela não foi dada sem questionamento profundo, e isso resultou em uma vida de alegria misturada ao sofrimento, que a levou ao pé da cruz de seu filho. Quando os cristãos se unem ao "Amém" de Maria, ao "Sim" de Deus em Cristo, eles se comprometem com a resposta obediente à

Palavra de Deus, que leva à vida de oração e serviço. Como Maria, eles não apenas glorificam o Senhor com seus lábios: eles comprometem-se a servir à justiça de Deus com suas vidas (cf. Lc 1,46-55).

A. MARIA SEGUNDO AS ESCRITURAS

6. Nós estamos convencidos de que as Sagradas Escrituras, como Palavra de Deus escrita, trazem testemunhos normativos do plano de salvação de Deus. Então, é para esses testemunhos que esta Declaração se volta em primeiro lugar. De fato, é impossível ser fiel à Escritura e não levar Maria a sério. Reconhecemos no entanto que, por alguns séculos, anglicanos e católicos romanos interpretaram as Escrituras separadamente. Ao refletirmos juntos sobre os testemunhos nas Escrituras a respeito de Maria, descobrimos mais do que apenas alguns momentos de sofrimento na vida de uma grande santa. Encontramo-nos meditando com admiração e gratidão todas as etapas da história da salvação: criação, eleição, Encarnação, paixão e ressurreição de Cristo, o dom do Espírito na Igreja e a visão final de vida eterna para todo o povo de Deus na nova criação.

7. Nos parágrafos seguintes, nosso uso da Escritura procura extrair toda a tradição da Igreja, em que ricas e variadas leituras têm sido utilizadas. No Novo Testamento, o Antigo Testamento é comumente interpretado tipologicamente:[1] fatos e imagens são entendidos com

---

[1] Por tipologia queremos dizer uma leitura que aceita que certas coisas na Escritura (pessoas, lugares e acontecimentos) prenunciem ou iluminem coisas, ou reflitam exemplos de fé de maneira criativa (ex.: Adão é uma espécie de Cristo: Rm 5,14; Is 7,14 aponta para o nascimento imaculado de Jesus: Mt 1,23). Esse sentido tipológico foi considerado um significado que vai além da literalidade. Essa abordagem assume a unidade e a consistência da revelação divina.

referência específica a Cristo. Esta abordagem é posteriormente desenvolvida pelos Padres, por pregadores e autores medievais. Os Reformadores salientaram a clareza e suficiência da Escritura, e chamaram para um retorno à centralidade da mensagem do Evangelho. Abordagens histórico-críticas tentaram discernir o significado pretendido pelos autores bíblicos e explicar as origens dos textos. Cada uma dessas leituras tem suas limitações e pode dar margem a exageros ou desarmonias: a tipologia pode tornar-se extravagante; a Reforma pode acentuar os métodos reducionistas e críticos muito mais que os historicistas. Abordagens mais recentes da Escritura apontam para o campo de possíveis leituras de um texto, notavelmente de sua narrativa, de suas dimensões retórica e sociológica. Nesta Declaração, buscamos integrar o que há de valor em cada uma dessas abordagens, assim como corrigir e contribuir para nosso uso da Escritura. Além disso, reconhecemos que nenhuma leitura de um texto é neutra, mas que cada uma é delimitada pelo contexto e interesse de seus leitores. Nossa leitura tem lugar no contexto de diálogo em Cristo, para o bem desta comunhão que é a vontade dele. É, assim, uma leitura eclesial e ecumênica, procurando considerar cada passagem sobre Maria no contexto do Novo Testamento como um todo, na perspectiva do Antigo Testamento, à luz da tradição.

O testemunho da Escritura: trajetória de graça e esperança

8. O Antigo Testamento traz o testemunho da criação de homens e mulheres por Deus à sua imagem divina, e do chamado de amor de Deus para uma aliança com ele. Mesmo quando o desobedeceram, Deus não abandonou os seres humanos ao pecado e ao poder da morte. Sempre ofereceu-lhes sua aliança de graça. Deus fez uma

aliança com Noé de que nunca mais um dilúvio iria destruir "toda carne". O Senhor estabeleceu uma aliança com Abraão em que, por meio dele, todas as famílias da terra seriam abençoadas. Por meio de Moisés, Deus fez uma aliança com Israel em que, obedientes à sua palavra, eles poderiam ser uma nação santa e um reino de sacerdotes. Os profetas, repetidamente, convocaram o povo a sair da desobediência e voltar à aliança de graça com Deus, a receber sua Palavra e deixá-la frutificar em suas vidas. Eles aguardaram a renovação da aliança em que haveria obediência e doação perfeitas: "Eis, pois, a aliança que firmarei com a comunidade de Israel depois desses dias – oráculo do Senhor –: eu depositarei minha instrução no seu íntimo, inscrevendo-a em seu coração; eu me tornarei Deus para eles, eles se tornarão um povo para mim" (Jr 31,33). Na profecia de Ezequiel, essa esperança é expressa não apenas em termos de ablução e purificação, mas também de dom do Espírito (Ez 36,25-28).

9. A aliança entre o Senhor e seu povo é muitas vezes descrita como relação amorosa entre Deus e Israel, a filha virgem de Sião, noiva e mãe: "Eu te fiz um juramento e estabeleci uma aliança contigo – oráculo do Senhor Deus. Então ficaste sendo minha" (Ez 16,8; Is 54,1; Gl 4,27). Mesmo punindo pela falta de fé, Deus permanece sempre fiel, prometendo restaurar a aliança e reunir o povo disperso (Os 1–2; Jr 2,2; 31,3; Is 62,4-5). A imagem nupcial é também usada no Novo Testamento para descrever o relacionamento entre Cristo e a Igreja (Ef 5,21-33; Ap 21,9). Paralelamente à imagem profética de Israel como noiva do Senhor, a literatura salomônica do Antigo Testamento caracteriza a Sabedoria Sagrada como serva do Senhor (Pr 8,22; cf. Sb 7,22-26), enfatizando similarmente o tema da compreensão e da atividade criadora. No Novo Testamento,

estes ditos proféticos e de sabedoria são associados (Lc 11,49) e cumpridos com a vinda de Cristo.

10. As Escrituras também falam do chamado de Deus a determinadas pessoas, como Davi, Elias, Jeremias e Isaías, de modo que no povo de Deus certas tarefas específicas podem ser realizadas. Essas pessoas trazem o testemunho do dom do Espírito ou da presença de Deus, capacitando-as a cumprir o plano e a vontade de Deus. Há também profundas reflexões sobre o que é ser conhecido e chamado por Deus desde o início da existência (Sl 139,13-16; Jr 1,1-5). Esse sentido de maravilha da graça de Deus é igualmente atestado no Novo Testamento, especialmente nos escritos de Paulo, quando ele fala daqueles que são "chamados conforme o desígnio de Deus", afirmando que aqueles que Deus de antemão conheceu "também os predestinou a serem conforme à imagem de seu Filho [...] os que predestinou, também os chamou; os que chamou, justificou-os; e os que justificou, também os glorificou" (Rm 8,28-30; cf. 2Tm 1,9). A preparação de Deus para uma missão profética é exemplificada nas palavras ditas pelo anjo a Zacarias antes do nascimento de João Batista: "[...] e será repleto do Espírito Santo desde o seio de sua mãe" (Lc 1,15; cf. Jz 13,3-5).

11. Seguindo a trajetória da graça de Deus e a esperança de uma resposta humana perfeita, que procuramos traçar nos parágrafos precedentes, os cristãos têm, de acordo com os escritores do Novo Testamento, visto seu ápice na obediência de Cristo. Dentro desse contexto cristológico, discerniram um padrão semelhante naquela que receberia a Palavra em seu coração e em seu corpo, seria coberta pela sombra do Espírito e daria à luz o Filho de Deus. O Novo Testamento fala não apenas da preparação de Deus para o nascimento do

Filho, mas também da eleição, chamado e santificação de uma mulher judia na sucessão daquelas mulheres santas, como Sara e Ana, cujos filhos cumpriram os planos de Deus para seu povo. Paulo afirma que o Filho de Deus nasceu "quando completou o tempo previsto" e "nascido de mulher e sujeito à lei" (Gl 4,4). O nascimento do filho de Maria é o cumprimento da vontade de Deus para Israel, e a parte de Maria neste cumprimento é o consentimento livre e absoluto à total doação de si e confiança: "Eu sou a serva do Senhor! Aconteça-me segundo a tua palavra!" (Lc 1,38; cf. Sl 123,2).

Maria na narrativa do nascimento em Mateus

12. Enquanto várias partes do Novo Testamento referem-se ao nascimento de Cristo, apenas dois evangelhos, Mateus e Lucas, cada um com perspectivas próprias, narram a história de seu nascimento e referem-se especificamente a Maria. Mateus intitula seu texto "Livro da origem de Jesus Cristo" (Mt 1,1), ecoando a maneira como a Bíblia começa (Gn 1,1). Na genealogia (Mt 1,1-17), Mateus traça a origem de Jesus retrocedendo do exílio até Davi e, em última instância, até Abraão. Ele aponta o papel incomum exercido por quatro mulheres na disposição providencial da história da salvação de Israel, cada qual alargando os limites da aliança. Essa ênfase na continuidade do antigo é contrabalançada com a explicação que vem a seguir ao nascimento de Jesus por meio da ênfase do novo (cf. Mt 9,17), uma espécie de recriação pelo Espírito Santo, revelando novas possibilidades de salvação do pecado (Mt 1,21) e da presença do "Deus-conosco" (Mt 1,23). Mateus estende os limites ao buscar unir a descendência davídica de Jesus, por meio da paternidade legal de José, e seu nascimento da Virgem de acordo com a profecia de Isaías – "Eis que a virgem conceberá e dará à luz um filho" (Is 7,14, LXX).

13. Na narrativa de Mateus, Maria é mencionada junto com seu filho, em frases como "Maria, sua mãe" ou "o menino e sua mãe" (Mt 2,11.13.20.21). Em meio a toda intriga política, assassinatos e desordem dessa narrativa, um momento tranqüilo de reverência despertou a imaginação cristã: os magos, cujo objetivo é saber quando é chegado o tempo, prostram-se diante do jovem Rei e de sua nobre mãe (Mt 2,2.11). Mateus enfatiza tanto a ligação de Jesus Cristo com a expectativa messiânica de Israel quanto a novidade advinda do nascimento do Salvador. A descendência davídica e o nascimento na antiga cidade real reforçam a primeira ênfase; a concepção virginal, a segunda.

Maria na narrativa do nascimento em Lucas

14. Na narrativa do nascimento em Lucas, Maria é ressaltada desde o início. Ela é a ligação entre João Batista e Jesus, cujos nascimentos milagrosos são apresentados em um paralelismo deliberado. Ela recebe a mensagem do anjo e responde com obediência humilde (Lc 1,38). Ela viaja sozinha da Galiléia à Judéia para visitar Isabel (Lc 1,40) e, em seu cântico, proclama a reviravolta escatológica que estará no âmago da proclamação do Reino de Deus por seu filho. Maria é aquela que vê nas entrelinhas dos acontecimentos (Lc 2,19.51) e representa a interioridade da fé e do sofrimento (Lc 2,35). Ela fala em nome de José no Templo e, embora repreendida pela incompreensão inicial, continua a crescer em entendimento (Lc 2,48-51).

15. Dentro da narrativa de Lucas, duas passagens em particular convidam à reflexão sobre o lugar de Maria na vida da Igreja: a anunciação e a visita a Isabel. Essas passagens enfatizam que Maria é, de maneira única, a recebedora da eleição e da graça de Deus. A história da anunciação recapitula diversas circunstâncias do Antigo Testamento, notavelmente os nascimentos de Isaac

(Gn 18,10-14), Sansão (Jz 13,2-5) e Samuel (1Sm 1,1-20). A saudação do anjo também evoca as passagens em Isaías (Is 66,7-11), Zacarias (Zc 9,9) e Sofonias (Sf 3,14-17), que recorrem à "Filha de Sião", isto é, Israel, esperando com alegria a chegada do seu Senhor. A escolha do "cobrir com a sombra" (*episkiasein*) para descrever a ação do Espírito Santo na concepção virginal (Lc 1,35) relembra os querubins cobrindo a Arca da Aliança (Ex 25,20), a presença de Deus resguardando a Tenda (Ex 40,35) e o Espírito pairando sobre as águas da criação (Gn 1,2). Na visita, o cântico de Maria (*Magnificat*) espelha o cântico de Ana (1Sm 2,1-10), ampliando sua extensão, de modo que Maria se torna porta-voz de todos os pobres e oprimidos que esperam que o Reino de justiça de Deus seja estabelecido. Assim como na saudação de Isabel a mãe recebe uma bênção só dela, diferente daquela de seu filho (Lc 1,42), também no *Magnificat* Maria prediz: "Doravante todas as gerações me proclamarão bem-aventurada" (Lc 1,48). Este texto fornece a base bíblica para a devoção apropriada de Maria, ainda que nunca separada de seu papel como mãe do Messias.

16. Na Anunciação, o anjo chama Maria de "a escolhida" de Deus (do grego *kecharitōmenē*, um particípio perfeito que significa "aquela que foi e é dotada de graça"), de modo que fica implícita a santificação prévia pela divina graça com vista ao seu chamado. O anúncio do anjo relaciona o ser "sagrado" e "Filho de Deus" de Jesus à sua concepção pelo Espírito Santo (Lc 1,35). A concepção virginal, então, aponta para a divina filiação do Salvador que será nascido de Maria. A criança que ainda não nasceu é descrita por Isabel como o Senhor: "Como me é dado que venha a mim a mãe do meu Senhor?" (Lc 1,43). O modelo trinitário da ação divina nessas cenas é surpreendente: a Encarnação do Filho inicia-se com a eleição, pelo Pai, da Virgem bem-aven-

turada e é mediada pelo Espírito Santo. Igualmente surpreendente é o *fiat* de Maria, o seu "amém" dado na fé e na liberdade à poderosa Palavra de Deus comunicada pelo anjo (Lc 1,38).

17. Na narrativa de Lucas sobre o nascimento de Jesus, o louvor oferecido a Deus pelos pastores é paralelo à adoração da criança feita pelos magos na narrativa de Mateus. Novamente, esta é a cena que constitui o âmago da narrativa do nascimento: "Eles foram para lá apressadamente e encontraram Maria, José e o recém-nascido, deitado na manjedoura" (Lc 2,16). De acordo com a Lei de Moisés, o bebê é circuncidado e apresentado no Templo. Nessa ocasião, Simeão teve uma palavra especial de profecia para a mãe do Cristo-menino: "uma espada te transpassará a alma!" (Lc 2,34-35). A partir daí, a peregrinação de fé de Maria a leva ao pé da cruz.

A concepção virginal

18. A iniciativa divina na história da humanidade é proclamada na Boa-Nova da concepção virginal por meio da ação do Espírito Santo (Mt 1,20-23; Lc 1,34-35). A concepção virginal pode aparecer primeiramente como uma ausência, isto é, a falta de um pai humano. Na verdade, no entanto, é um sinal da presença e da ação do Espírito. A crença na concepção virginal é uma antiga tradição cristã adotada e desenvolvida independente-

---

[2] Dada sua matriz fortemente judaica tanto na versão de Mateus quanto na de Lucas, um apelo a analogias com mitologia pagã, bem como a uma exaltação da virgindade sobre a condição de casada para explicar a origem da tradição é improvável. Igualmente improvável é a idéia de a concepção virginal ter derivado de uma leitura ultraliteral do texto grego de Isaías 7,14 (LXX), porque não é a maneira como a idéia é introduzida na narrativa lucana. Além disso, a sugestão de que isso se originou como resposta à acusação de ilegitimidade dirigida a Jesus é improvável, uma vez que essa acusação poderia igualmente ter-se originado porque se sabia que havia algo incomum no nascimento de Jesus (cf. Mc 6,3; Jo 8,41) e por causa da alegação da Igreja sobre sua concepção virginal.

mente por Mateus e Lucas.[2] Para os crentes cristãos, é um sinal eloqüente da filiação divina de Cristo e de vida nova por meio do Espírito. A concepção virginal também aponta para o novo nascimento de cada cristão, como um filho adotivo de Deus. Cada um nasce "do alto", "da água e do Espírito" (Jo 3,3-5). Vista sob essa luz, a concepção virginal, longe de ser um milagre isolado, é a poderosa expressão daquilo que a Igreja acredita a respeito de seu Senhor e de nossa salvação.

Maria e a verdadeira família de Jesus

19. Depois dessas histórias de nascimento, causa certa surpresa ler o episódio, narrado nos três evangelhos sinóticos, que se refere à questão da verdadeira família de Jesus. Marcos nos diz que "chegam sua mãe e seus irmãos" (Mc 3,31) estando do lado de fora, eles o mandaram chamar.[3] Em resposta, Jesus distancia-se de sua família natural: ele fala, ao invés, daqueles que estão reunidos ao seu redor, sua "família escatológica", isto é, "todo aquele que faz a vontade de Deus" (Mc 3,35). Para Marcos, a família natural de Jesus, incluindo sua própria mãe, parece nesse estágio não entender a verdadeira natureza de sua missão. Mas este será o caso também de seus discípulos (cf. Mc 8,33-35; 9,30-33; 10,35-40). Marcos indica que o crescimento no entendimento é inevitavelmente lento e doloroso, e que a fé genuína em Cristo não é alcançada até o encontro com a cruz e com o túmulo vazio.

---

[3] Embora a palavra "irmão" normalmente signifique um irmão de sangue, tanto o grego *adelphos* como o hebraico *'ah* podem ter um sentido mais amplo de parentesco (ex.: Gn 29,12, LXX) ou de irmão adotivo (ex.: Mc 6,17s). Parentes que não são irmãos poderiam estar incluídos no uso desse termo em Marcos 3,31. Maria realmente tinha uma família grande: sua irmã é mencionada em João 19,25 e sua prima Isabel, em Lucas 1,36. Na Igreja primitiva, diferentes explicações para as referências a "irmãos" de Jesus eram dadas, tais como irmãos adotivos ou primos.

20. Em Lucas, o contraste entre a atitude da natural e a da família escatológica de Jesus é evitado (Lc 8,19-21). Em uma cena posterior (Lc 11,27-28), a mulher na multidão que profere uma bênção à mãe de Jesus, "Bem-aventurada aquela que te trouxe no seio e te amamentou", é corrigida: "Bem-aventurados antes os que ouvem a Palavra de Deus e a observam". Mas essa forma de bênção, como Lucas a vê, definitivamente inclui Maria que, desde o início de sua narrativa, estava pronta a deixar tudo em sua vida acontecer de acordo com a Palavra de Deus (Lc 1,38).

21. Em seu segundo livro, os Atos dos Apóstolos, Lucas menciona que entre a ascensão do Senhor Ressuscitado e a festa de Pentecostes, os apóstolos estavam reunidos em Jerusalém "com algumas mulheres, entre as quais Maria, a mãe de Jesus, e com os irmãos de Jesus" (At 1,14). Maria, que fora receptiva à obra do Espírito de Deus no nascimento do Messias (Lc 1,35-38), é aqui parte da comunidade dos discípulos esperando em oração pelo derramamento do Espírito no nascimento da Igreja.

Maria no evangelho de João

22. Maria não é mencionada explicitamente no Prólogo do evangelho de João. No entanto, algo sobre o significado de seu papel na história da salvação pode ser visto colocando-a no contexto das chamadas verdades teológicas, que o evangelista articula ao desdobrar a Boa-Nova da Encarnação. A ênfase teológica na iniciativa divina, que nas narrativas de Mateus e Lucas é expressa na história do nascimento de Jesus, aparece, paralelamente, no Prólogo de João por meio de um destaque na vontade predestinada e na graça de Deus, pelas quais todos aqueles que são trazidos para o novo nascimento não nasceram do sangue, nem de um querer da carne, nem de um querer do homem, mas de Deus"

(Jo 1,13). Essas são palavras que poderiam ser aplicadas ao nascimento do próprio Jesus.

23. Em dois importantes momentos da vida pública de Jesus, o começo (as bodas de Caná) e o fim (a cruz), João aponta a presença da mãe de Jesus. Ambas são horas de necessidade: a primeira, aparentemente trivial, mas, em um nível mais profundo, uma antecipação simbólica da segunda. João dá um grande destaque em seu evangelho às bodas de Caná (Jo 2,1-12), chamando-as o início (*archē*) dos sinais de Jesus. A narrativa enfatiza o novo vinho que Jesus traz, simbolizando a festa do casamento escatológico de Deus com seu povo e o banquete messiânico do Reino. A história comunica fundamentalmente uma mensagem cristológica: Jesus revela sua glória messiânica aos seus discípulos e eles acreditam nele (Jo 2,11).

24. A presença da "mãe de Jesus" é mencionada no início da história: ela tem um papel de destaque no desdobramento da narrativa. Maria parece ter sido convidada e estar presente por seu próprio mérito, não com "Jesus e seus discípulos" (Jo 2,1-2). Jesus é inicialmente visto como parte da família de sua mãe. No diálogo entre eles, quando o vinho acaba, Jesus parece, em um primeiro momento, recusar o pedido feito por Maria, mas, no final, ele cede. Essa leitura da narrativa, no entanto, deixa espaço para uma interpretação simbólica mais profunda do acontecimento. Nas palavras de Maria, "Eles não têm vinho", João atribui a ela a expressão não tanto de uma deficiência nos preparativos do casamento, mas mais da expectativa de salvação de todo o povo da aliança, que tem água para purificação, mas não tem o vinho jubiloso do reino messiânico. Em sua resposta, Jesus começa por realçar a questão de seu relacionamento com a mãe ("Mulher, que é isso, para mim e para ti?"), indicando que uma mudança está para acontecer. Ele não se refere a Maria como "mãe", mas como "mu-

lher" (cf. Jo 19,26). Jesus não mais vê sua relação com Maria como um simples parentesco terreno.

25. A resposta de Maria, para instruir os servos, "Fazei tudo o que ele vos disser", é inesperada; ela não é a encarregada da festa (cf. Jo 2,8). O seu papel inicial como mãe de Jesus mudou radicalmente. Ela mesma é, nesse momento, vista como uma fiel na comunidade messiânica. A partir daí, ela compromete-se totalmente com o Messias e sua Palavra. Uma nova relação surge, indicada pela mudança na ordem dos personagens principais no final da história: "Depois disso, ele desceu a Cafarnaum com sua mãe, seus irmãos e seus discípulos" (Jo 2,12). A narrativa de Caná inicia colocando Jesus como parte da família de Maria, sua mãe; depois, Maria é parte da "companhia de Jesus", sua discípula. Nossa leitura desta passagem reflete o entendimento da Igreja sobre o papel de Maria: ajudar os discípulos a irem até seu filho, Jesus Cristo, e fazer "tudo o que ele vos disser".

26. A segunda menção de João à presença de Maria ocorre em um momento decisivo da missão messiânica de Jesus: sua crucificação (Jo 19,25-27). Perto da cruz com os outros discípulos, Maria compartilha do sofrimento de Jesus, que em um de seus últimos momentos dirige uma palavra especial a ela – "Mulher, eis aí o teu filho" – e ao discípulo que ele amava – "Eis a tua mãe". Nós não podemos deixar de nos emocionar ao ver que, mesmo em seus momentos derradeiros, Jesus está preocupado com o bem-estar de sua mãe, mostrando sua afeição filial. Essa leitura superficial novamente convida a uma interpretação eclesial e simbólica da rica narrativa de João. As últimas ordens de Jesus, antes de sua morte, revelam uma compreensão além das primeiras referências a Maria e ao "discípulo que ele amava" como indivíduos. Os papéis recíprocos da "mulher" e do "discípulo" estão relacionados com a identidade

da Igreja. Em outro trecho de João, o discípulo amado é apresentado como modelo de discípulo de Jesus, o mais próximo a ele, aquele que nunca o abandonou, o objeto do seu amor e a testemunha sempre fiel (Jo 13,25; 19,26; 20,1-10; 21,20-25). Entendidas nos termos do discipulado, as últimas palavras de Jesus dão a Maria um papel maternal na Igreja e encorajam a comunidade dos discípulos a abraçá-la como mãe espiritual.

27. Um entendimento incorporado da "mulher" também chama a Igreja constantemente a ver o Cristo crucificado, e chama cada discípulo a cuidar da Igreja como mãe. Talvez esteja implícita aqui uma tipologia Maria–Eva: assim como a primeira "mulher" foi tirada da "costela" (Gn 2,22, *pleura*, LXX) de Adão e tornou-se a mãe de todos os viventes (Gn 3,20), então a "mulher" Maria é, em nível espiritual, a mãe de todos aqueles que ganham a verdadeira vida da água e do sangue que jorram do lado (do grego *pleura*, literalmente "costela") de Cristo (Jo 19,34) e do Espírito que é entregue de seu sacrifício triunfante (Jo 19,30; 20,22; cf. 1Jo 5,8). Em tais leituras simbólicas e incorporadas, que são símbolos para a Igreja, Maria e o discipulado interagem um com o outro. Maria é vista como a personificação de Israel, dando à luz a comunidade cristã (Is 54,1; 66,7-8), justamente como ela deu à luz, anteriormente, o Messias (Is 7,14). Quando a narrativa de João sobre Maria, no início e no fim do ministério de Jesus, é vista sob esse enfoque, é difícil falar da Igreja sem pensar em Maria, a Mãe do Senhor, como seu arquétipo e primeira realização.

A mulher em Apocalipse 12

28. Em uma linguagem altamente simbólica, cheia de imagens bíblicas, o profeta do Apocalipse descreve a visão de um sinal no céu envolvendo uma mulher, um dragão

e o filho da mulher. A narrativa do Apocalipse 12 serve para assegurar ao leitor a vitória final dos fiéis de Deus em tempos de perseguição e conflito escatológico. No curso da história, o símbolo da mulher induziu a uma variedade de interpretações. Muitos estudiosos aceitam que o significado primeiro da mulher é o povo de Deus, quer Israel, quer a Igreja de Cristo, ou ambos. Além disso, o estilo da narrativa do autor sugere que a "figura completa" da mulher é alcançada apenas no final do livro, quando a Igreja de Cristo se torna a triunfante Nova Jerusalém (Ap 21,1-3). Os problemas verdadeiros da comunidade do autor são colocados na moldura da história como um todo, que é a cena do conflito que ocorre entre os fiéis e seus inimigos, entre o bem e o mal, entre Deus e Satanás. A imagem da descendência nos lembra o conflito em Gênesis 3,15, entre a serpente e a mulher, entre a descendência da serpente e a descendência da mulher.[4]

29. Dada essa primeira interpretação eclesial do Apocalipse 12, ainda é possível encontrar nela uma referência secundária a Maria? O texto não identifica explicitamente a mulher com Maria. Refere-se à mulher como a mãe do "menino que deve apascentar todas as nações com vara de ferro", uma citação do Salmo 2 em trecho do

---

[4] O texto hebraico de Gênesis 3,15 fala sobre a inimizade entre a serpente e a mulher, e sobre a descendência de ambas. O pronome pessoal (*hu'*) nas palavras dirigidas à serpente, "Este te ferirá a cabeça", é masculino. Na tradução grega usada inicialmente pela Igreja (LXX), no entanto, o pronome pessoal *autos* (ele) não pode se referir à descendência (neutro: *to sperma*), mas sim a um indivíduo masculino que poderia então ser o Messias, nascido de uma mulher. A Vulgata traduz (mal) a frase como *ipsa conteret caput tuum* ("Esta te ferirá a cabeça"). Este pronome feminino sustenta uma leitura com referência a Maria que se tornou tradicional na América Latina. A Nova Vulgata (1986), no entanto, volta ao neutro *ipsum*, que se refere ao *semem illius*: "*Inimicitias ponam inter te et mulierem et semen tuum et semen illius; ipsum conteret caput tuum, et tu conteres calcaneum eius*".

Novo Testamento aplicada ao Messias, assim como ao fiel povo de Deus (cf. Hb 1,5; 5,5; At 13,33 com Apocalipse 2,27). Em vista disso, alguns escritores patrísticos chegaram a pensar na mãe de Jesus quando leram este capítulo.[5] Dado o lugar do livro do Apocalipse no cânone da Escritura, no qual as diferentes imagens bíblicas se entrelaçam, surge a possibilidade de uma interpretação mais explícita, tanto individual quanto associada, do Apocalipse 12, iluminando o lugar de Maria e da Igreja na vitória escatológica do Messias.

Reflexão bíblica

30. O testemunho bíblico convoca todos os que crêem, em qualquer geração, a chamar Maria de "bem-aventurada"; esta mulher judia de origem humilde, esta filha de Israel que vive na esperança de justiça para o pobre, a qual Deus abençoou e escolheu para se tornar a virgem mãe de seu Filho por meio da descida do Espírito Santo. Devemos bendizê-la como a "serva do Senhor", que deu seu livre assentimento para o cumprimento do plano de salvação de Deus; como a mãe que guardou todas as coisas em seu coração; como uma refugiada buscando asilo em terra estrangeira; como a mãe transpassada pelo sofrimento inocente de seu próprio filho; e como a mulher à qual Jesus confiou seus amigos. Somos um com ela e os discípulos, quando eles rezam pelo derramamento do Espírito sobre a Igreja nascente, a família escatológica de Cristo. E nós poderíamos até vislumbrar nela o destino final do povo de Deus para compartilhar a vitória de seu filho sobre os poderes do mal e da morte.

---

[5] Cf. Epifânio de Salamina († 402), *Panarion* 78.11; Quodvultdeus († 454), *Sermones de Symbolo* III, I.46; Oecumenius († c. 550), *Commentarius in Apocalypsin* 6.

B. MARIA NA TRADIÇÃO CRISTÃ

Cristo e Maria na antiga tradição comum

31. Na Igreja primitiva, a reflexão sobre Maria serviu para interpretar e proteger a tradição apostólica centrada em Jesus Cristo. O testemunho patrístico de Maria como "Mãe de Deus" (*Theotókos*) emergiu de uma reflexão da Escritura e da celebração das festas cristãs, mas seu desenvolvimento deveu-se principalmente às primeiras controvérsias cristológicas. No calor de tais controvérsias dos primeiros cinco séculos, e sua resolução nos sucessivos Concílios Ecumênicos, a reflexão sobre o papel de Maria na Encarnação foi fundamental à articulação da fé ortodoxa em Jesus Cristo, verdadeiro Deus e verdadeiro homem.

32. Em defesa da verdadeira humanidade de Cristo, e contra o docetismo, a Igreja primitiva enfatizava que Jesus nasceu de Maria. Ele não apenas "parecia" ser humano; ele não desceu do céu em um "corpo celeste", nem quando nasceu simplesmente "passou por" sua mãe. Pelo contrário, Maria deu à luz um filho de sua própria substância. Para Inácio de Antioquia (†c. 110) e Tertuliano (†c. 225), Jesus é totalmente humano, pois "nasceu verdadeiramente" de Maria. Nas palavras do Credo niceno-constantinopolitano (381), "ele encarnou do Espírito Santo e da Virgem Maria, e fez-se homem". A definição de Calcedônia (451), reafirmando este Credo, atesta que Cristo é "consubstancial ao Pai no que se refere à divindade e consubstancial a nós no que se refere à humanidade". O Credo atanasiano professa ainda mais concretamente que ele é "homem, da substância de sua mãe". Os anglicanos e católicos romanos afirmam isso juntos.

33. Na defesa de sua verdadeira divindade, a Igreja primitiva enfatizava a concepção virginal de Maria. De acordo com os Padres, a concepção por meio do Espírito Santo testemunha a origem e a identidade divinas de Cristo. O nascido de Maria é o eterno Filho de Deus. Padres orientais e ocidentais – como Justino (†c. 150), Ireneu (†c. 202), Atanásio († 373) e Ambrósio († 397) – expuseram esse ensinamento do Novo Testamento nos termos do Gênesis 3 (Maria é o antítipo da "Eva virgem") e de Isaías 7,14 (ela cumpre a visão profética e dá à luz o "Deus-conosco"). Eles recorreram à concepção virginal para defender tanto a divindade do Senhor quanto a honra de Maria. Como o Credo apostólico professa: Jesus Cristo foi "concebido pelo Espírito Santo e nasceu da Virgem Maria". Os anglicanos e católicos romanos afirmam isso juntos.

34. O título *Theotókos* atribuído a Maria foi formalmente invocado para proteger a doutrina ortodoxa quanto à unidade da pessoa de Cristo. Esse título esteve em uso nas Igrejas sob a influência de Alexandria desde, no mínimo, o tempo da controvérsia ariana. Uma vez que Jesus Cristo é o "verdadeiro Deus do verdadeiro Deus", como o Concílio de Nicéia (325) declarou, tais Igrejas concluíram que sua mãe, Maria, pode corretamente ser chamada de "mãe de Deus". Igrejas sob a influência da Antioquia, no entanto, conscientes da ameaça do apolinarismo, que diziam acreditar na completa humanidade de Cristo, não adotaram imediatamente esse título. O debate entre Cirilo de Alexandria († 444) e Nestório († 455), patriarca de Constantinopla, que se formou na escola antioquena, revelou que a verdadeira contenda pela questão do título de Maria era relativa à unidade da pessoa de Cristo. O Concílio de Éfeso (431) usou *Theotókos* (literalmente, Mãe de Deus; em latim,

Deipara) para afirmar a unidade da pessoa de Cristo ao identificar Maria como a Mãe de Deus, a Palavra encarnada.[6] A definição de fé nesse assunto ganha uma expressão mais precisa na definição de fé de Calcedônia: "Um só e mesmo Filho [...] gerado segundo a divindade antes dos séculos pelo Pai e, segundo a humanidade, por nós e para nossa salvação, gerado da Virgem Maria, Mãe de Deus". No consenso do Concílio de Éfeso e na definição de fé de Calcedônia, anglicanos e católicos romanos, juntos, professam Maria como *Theotókos*.

A celebração de Maria na antiga tradição comum

35. Nos primeiros séculos, a comunhão em Cristo incluía um forte senso da presença viva dos santos como parte integral da experiência espiritual das Igrejas (Hb 12,1.22-24; Ap 6,9-11; 7; 8,3-4). Em meio à "nuvem de testemunhas", a Mãe do Senhor foi vista assumindo um lugar especial. Temas desenvolvidos na Escritura e na reflexão devocional revelam uma profunda consciência do papel de Maria na redenção da humanidade. Tais temas incluem Maria como antítipo de Eva e como símbolo da Igreja. A resposta do povo cristão, refletindo sobre esses temas, encontrou expressão devocional tanto na oração privada quanto na pública.

36. Exegetas regozijaram em extrair imagens femininas das Escrituras para contemplar o significado tanto da Igreja quanto de Maria. Alguns dos primeiros Padres, como Justino Mártir (†c. 150) e Ireneu (†c. 202), ao refletir sobre textos como Gênesis 3 e Lucas 1,26-38, desen-

---

[6] O Concílio solenemente aprovou o conteúdo da Segunda Carta de Cirilo a Nestório: "Não foi aquele um homem comum nascido primeiro da santa Virgem, na qual, mais tarde, a Palavra descendeu; o que dizemos é que: estando unida com a carne do ventre, a Palavra passou pelo nascimento na carne [...] portanto, os Santos Padres tiveram a coragem de chamar a santa Virgem de *Theotókos*" (DS, n. 251).

volveram, paralelamente à antítese de Adão/Novo Adão, a de Eva/Nova Eva. Já que Eva está associada a Adão na causa de nossa queda, então Maria está associada a seu Filho na vitória sobre o antigo inimigo (cf. Gn 3,15, *vide* nota de rodapé 4): a desobediência da "virgem" Eva resulta na morte; a obediência da Virgem Maria abre o caminho para a salvação. A Nova Eva compartilha a vitória do Novo Adão sobre o pecado e a morte.

37. Os Padres apresentaram Maria, a Virgem Mãe, como modelo de santidade na consagração das virgens, e ainda ensinaram que ela permaneceu "sempre Virgem".[7] Em sua reflexão, a virgindade foi entendida não apenas como integridade física, mas como uma disposição interior de abertura, obediência e sincera fidelidade a Cristo, que serve de modelo para o discipulado cristão e questões relativas à frutificação espiritual.

38. Nesse entendimento patrístico, a virgindade de Maria estava intimamente relacionada a sua santidade. Embora alguns antigos exegetas pensassem que Maria não era totalmente livre de pecado,[8] Agostinho († 430)

---

[7] O *Tomo de Leão*, decisivo para o resultado do Concílio de Calcedônia (451), afirma que Cristo "foi concebido pelo Espírito Santo no ventre da Virgem Maria, que deu à luz sem perder a virgindade, já que ela o concebera sem perder a virgindade" (DS, n. 291). Semelhantemente, Atanásio fala em *De Virginitate* (*Le Muséon* 42: 244.248) de "Maria, que [...] permaneceu virgem até o fim [como um modelo para] todos que vieram após ela" (cf. João Crisóstomo [† 407], *Homilias sobre o evangelho de Mateus*, 5,3). O primeiro Concílio Ecumênico a usar o termo *Aeiparthenos (semper virgo)* foi o Segundo Concílio de Constantinopla (553). Essa designação já está implícita na formulação clássica ocidental da *virginitas ante partum, in partu, post partum* de Maria. Essa tradição aparece consistentemente na Igreja ocidental de Ambrósio em diante. Como Agostinho escreveu, "ela o concebeu como virgem, deu à luz como virgem e permaneceu virgem" (*Sermo* 51.18; cf. *Sermo* 196.1).

[8] Desse modo, Ireneu a critica por "excessiva pressa" em Caná, "tentando empurrar seu filho a fazer um milagre antes de a sua hora ter chegado" (*Adversus Haereses* III.16.7); Orígenes fala de sua oscilação na fé diante da cruz: "então ela também

enfrentou a resistência contemporânea ao falar da ausência de pecado nela.

Devemos excetuar a santa Virgem Maria, de quem eu gostaria de deixar inteiramente de fora de questões referentes aos pecados, em respeito ao Senhor; por ele sabemos que a maior abundância de graça para superar qualquer pecado foi conferida a ela, que teve o mérito de conceber e dar à luz aquele que, indubitavelmente, não tinha pecado (*De natura et gratia*, 36.42).

Outros Padres do Ocidente e do Oriente, apelando à saudação angelical (Lc 1,28) e à resposta de Maria (Lc 1,38), sustentam o ponto de vista de que Maria era cheia de graça desde sua concepção, em antecipação à sua vocação única como mãe do Senhor. No século V, eles a aclamaram como nova criatura: sem culpa, imaculada, "santa de corpo e alma" (Teodoto de Ancira, *Homilia* 6, 11: † antes 446). No século VI, o título *Panaghia* (a toda santa) pode ser encontrado no Oriente.

39. Após os debates cristológicos nos concílios de Éfeso e Calcedônia, a devoção a Maria floresceu. Quando o patriarca de Antioquia recusou a Maria o título de *Theotókos*, o imperador Leão I (457-474) ordenou que o patriarca de Constantinopla inserisse esse título na oração eucarística para todo o Oriente. Por volta do século VI, a comemoração de Maria como "Mãe de Deus" tornou-se universal nas orações eucarísticas do Oriente e do Ocidente (com exceção da Igreja Assíria do Oriente). Textos e imagens celebrando a santidade de Maria multiplicaram-se em poesia e músicas litúrgicas, como o *Akathistos*, um hino provavelmente escrito logo após o Concílio de Calcedônia

---

teria alguns pecados pelos quais Cristo morreu" (*Homilias sobre o evangelho de Lucas,* 17,6). Sugestões como essas são encontradas nos escritos de Tertuliano, Ambrósio e João Crisóstomo.

e ainda cantado na Igreja Oriental. Uma tradição de orações de súplica a Maria e em louvor a ela foi, desse modo, gradualmente estabelecida. Essa tradição foi associada, desde o século IV, especialmente no Oriente, a pedidos de proteção.[9]

40. Depois do Concílio de Éfeso, as Igrejas passaram a ser dedicadas a Maria, e festas em seu louvor começaram a ser celebradas em dias especiais nessas Igrejas. Incitadas pela piedade popular e gradualmente adotadas pelas Igrejas locais, festas em celebração à concepção de Maria (8 e 9 de dezembro), nascimento (8 de setembro), apresentação (21 de novembro) e assunção (15 de agosto) espelharam as comemorações litúrgicas dos acontecimentos na vida do Senhor. Foram extraídas tanto das Escrituras canônicas quanto das narrativas apócrifas do início da vida de Maria e sua "assunção". No Oriente, a festa da concepção de Maria pode ser datada do final do século VII, e foi introduzida na Igreja Ocidental pelo sul da Inglaterra, no começo do século XI. Foi extraída de uma devoção popular descrita no *Proto-Evangelho de Tiago*, datado do século II, e era semelhante à festa dominical da anunciação e da festa existente da concepção de João Batista. A festa da "assunção" de Maria pode ser datada do fim do século VI, mas foi influenciada pelas narrativas lendárias sobre o final da vida de

---

[9] Testemunho de invocação a Maria no antigo texto conhecido, tradicionalmente, como *Sub tuum praesidium*: "Γπὸ τὴν σὴν εὐσπλαγνίαν καταφεύγομεν Θεοτόκε τὰς ημῶν ἱκεσίας μὴ παρίδης ἐν περιστάσεί ἀλλ ἐκ κινδύνου ῥῦσαι ἡμᾶς μόνη ἁγνή μόνη εὐλογημένη (cf. O. Stegemüller, *Sub tuum praesidium*. Bemerkungen zur ältesten Überlieferung, in: *ZKTh* 74 [1952], pp. 76-82 [77]). Esse texto (com duas modificações) é usado até hoje na tradição litúrgica grega; versões desta oração também ocorrem nas liturgias ambrosiana, romana, bizantina e copta. Uma versão familiar é: "Corremos em direção à sua proteção, ó santa Mãe de Deus; não despreze nossos pedidos nas necessidades, mas nos livre de todo o mal, ó sempre gloriosa e bem-aventurada Virgem".

Maria, já amplamente em circulação. No Ocidente, as mais influentes delas são os *Transitus Mariae*. No Oriente, a festa era conhecida como "dormição", o que deixava subentendida sua morte, mas não excluía Maria de ter sido levada ao céu. No Ocidente, o termo usado era "assunção", o que enfatizava ter sido Maria levada ao céu, mas não descartava a possibilidade de sua morte. A crença em sua assunção era fundamentada na promessa da ressurreição dos mortos e o reconhecimento da dignidade de Maria como *Theotókos* e "Sempre Virgem", somada à convicção de que aquela que deu a Vida deveria estar associada à vitória de seu Filho sobre a morte, e com a glorificação do Corpo dele, a Igreja.

O crescimento da doutrina e devoção marianas na Idade Média

41. A difusão dessas festas de Maria aumentou as homilias em que os pregadores estudavam as Escrituras, procurando símbolos e temas para iluminar o lugar da Virgem na economia da salvação. Durante a Alta Idade Média, uma crescente ênfase na humanidade de Cristo igualou-se em atenção às virtudes exemplares de Maria. Bernardo, por exemplo, articula essa ênfase em suas homilias. A meditação sobre a vida tanto de Cristo quanto de Maria tornou-se cada vez mais popular e aumentou o desenvolvimento de práticas devocionais, tais como o rosário. As pinturas, esculturas e vitrais da Alta e Baixa Idade Média deram a esta devoção imediatismo e cor.

42. Durante esses séculos houve algumas grandes mudanças de ênfase na reflexão teológica a respeito de Maria. Teólogos da Alta Idade Média desenvolveram reflexões patrísticas de Maria como "símbolo" da Igreja, e também como Nova Eva, de tal forma que a associava, cada vez mais, a Cristo na continuidade da obra de re-

denção. O centro das atenções dos crentes mudou de Maria, como representante da Igreja fiel e também da humanidade redimida, para Maria como distribuidora das graças de Cristo aos fiéis. No Ocidente, teólogos escolásticos desenvolveram um elaborado corpo de doutrina sobre Maria por seus próprios méritos. Muito dessa doutrina surgiu de especulações sobre sua santidade e santificação. Tais questões foram influenciadas não apenas pela teologia escolástica da graça e do pecado original, mas também por pressuposições a respeito da procriação e da relação entre alma e corpo. Por exemplo, se ela fosse santificada no ventre de sua mãe, de maneira mais perfeita até que João Batista e Jeremias, alguns teólogos pensavam que o preciso momento da sua santificação teria de ser determinado de acordo com o entendimento corrente de que a "alma racional" foi infundida ao corpo. Desenvolvimentos teológicos na doutrina ocidental da graça e do pecado levantaram outras questões: como Maria poderia ser livre de todo pecado, incluindo o pecado original, sem colocar em risco o papel de Cristo como Salvador universal? Reflexões especulativas levaram a intensas discussões sobre como a graça redentora de Cristo poderia ter preservado Maria do pecado original. A teologia da santificação de Maria encontrada na *Suma Teológica* de Tomás de Aquino e o raciocínio sutil de Duns Scoto a respeito de Maria desdobraram-se em uma extensa controvérsia sobre se Maria seria imaculada desde o primeiro momento de sua concepção.

43. No final da Idade Média, a teologia escolástica cresceu cada vez mais à parte da espiritualidade. Cada vez menos enraizados em exegeses bíblicas, os teólogos confiavam na probabilidade lógica para estabelecer suas posições, e os Nominalistas especulavam o que pode-

ria ser feito pelo poder absoluto e pela vontade de Deus. A espiritualidade, não mais em tensão criativa com a teologia, enfatizava a afetividade e a experiência pessoal. Na religião popular, Maria passou a ser largamente vista como intermediária entre Deus e a humanidade, e até mesmo como uma fazedora de milagres com poderes que beiravam o divino. Essa piedade popular, no devido tempo, influenciou as opiniões teológicas daqueles que cresceram com tal idéia, e que conseqüentemente elaboraram um raciocínio teológico para a devoção florescente de Maria do final da Idade Média.

Da Reforma até os dias de hoje

44. Um impulso poderoso para a Reforma no início do século XVI foi a reação muito difundida contra as práticas devocionais que tinham Maria como mediadora ao lado de Cristo, ou algumas vezes até mesmo no lugar dele. Tais devoções exageradas, em parte inspiradas pelas apresentações de Cristo tanto como Juiz inacessível quanto como Redentor, foram duramente criticadas por Erasmo e Thomas More e resolutamente rejeitadas pelos reformadores. Junto da radical re-recepção da Escritura como pedra fundamental da divina revelação, houve uma re-recepção dos reformadores quanto à da crença de que Jesus Cristo é o único mediador entre Deus e a humanidade. Isso impôs uma rejeição aos abusos reais e presumíveis envolvendo a devoção a Maria. Levou também à perda de alguns aspectos positivos da devoção e à diminuição de seu lugar na vida da Igreja.

45. Nesse contexto, os reformadores ingleses continuaram a acolher a doutrina da Igreja primitiva no que dizia respeito a Maria. O ensinamento positivo a respeito de Maria concentrou-se no papel que teve na Encarnação: isso está resumido, na aceitação por eles, de Maria como *Theotókos*, pois tanto era algo bíblico quanto de

acordo com a antiga tradição comum. Seguindo as tradições da Igreja primitiva e outros reformadores, como Martinho Lutero, os reformadores ingleses, como Latimer (*Works*, 2:105), Cranmer (*Works*, 2:60; 2:88) e Jewel (*Works*, 3:440-441) aceitaram que Maria era "sempre Virgem". Da mesma forma que Agostinho, eles tinham algumas reservas quanto à afirmação de que Maria era pecadora. O interesse central deles estava em enfatizar a singular impecabilidade de Cristo e a necessidade de toda a humanidade, incluindo Maria, de um Salvador (cf. Lc 1,47). Os artigos IX e XV afirmaram a universalidade do pecado humano. Eles não afirmaram nem negaram a possibilidade de Maria ter sido preservada pela graça da participação dessa condição humana geral. É notável que o *Livro de Oração Comum,* no prefácio e na coleta de Natal, refira-se a Maria como "uma virgem pura".

46. Em 1561, o calendário da Igreja da Inglaterra (que foi reproduzido no *Livro de Oração Comum,* de 1662) continha cinco festas associadas a Maria: Concepção de Maria, Natividade de Maria, Anunciação, Visitação e Purificação/Apresentação. Não havia mais, entretanto, a festa da Assunção (15 de agosto); não só se entendeu que havia falta de respaldo bíblico, mas também que Maria estava sendo exaltada às custas de Cristo. A liturgia anglicana, como se vê nas sucessivas edições do *Livro de Oração Comum* (1549, 1552, 1559 e 1662), quando menciona Maria, enfatiza seu papel como "Virgem pura" de cuja "substância" o Filho tomou a natureza humana (cf. Artigo II). Apesar da diminuição na devoção a Maria no século XVI, a veneração a ela resistiu no uso contínuo do *Magnificat* na Oração Vespertina (*Evening Prayer*) e na inalterada dedicação de igrejas antigas e capelas à Virgem Maria (*Lady Chapels*). No século XVII, escritores, como Lancelot Andrewes, Jeremy Taylor e Thomas Ken reapropriaram-se da tradição

patrística de uma apreciação mais completa do lugar de Maria nas orações do crente e da Igreja. Por exemplo, Andrewes, em seu *Preces Privatae*, fez uso das liturgias orientais ao mostrar calorosa devoção a Maria, "comemorando a toda santa, imaculada, mais que bem-aventurada Mãe de Deus e sempre Virgem Maria". Essa reapropriação pode ser observada no século seguinte e no Movimento de Oxford, no século XIX.

47. Na Igreja Católica Romana, o contínuo crescimento da doutrina e devoção marianas, mesmo moderadas pelos princípios reformadores do Concílio de Trento (1545-1563), sofreu também influências deturpadas das polêmicas católico-protestantes. O católico romano passou a ser identificado pela ênfase na devoção a Maria. O fervor e a popularidade da espiritualidade mariana no século XIX e primeira metade do século XX contribuíram para as definições dos dogmas da Imaculada Conceição (1854) e da Assunção (1950). Por outro lado, a difusão dessa espiritualidade começou a gerar críticas, tanto dentro quanto fora da Igreja Católica Romana, e iniciou-se um processo de re-recepção. Essa re-recepção foi evidente no Concílio Vaticano II que, em consonância com as atualizações bíblicas, patrísticas e litúrgicas contemporâneas, e preocupado com sensibilidades ecumênicas, escolheu não elaborar um documento separado sobre Maria, mas integrar a doutrina sobre ela na Constituição Dogmática *Lumen Gentium* (1964) – mais especificamente na sua seção final, quando descreve a peregrinação escatológica da Igreja (Capítulo VIII). O Concílio pretendeu "esclarecer cuidadosamente quer a função da bem-aventurada Virgem no mistério do Verbo encarnado e do corpo místico, quer os deveres dos próprios homens remidos para com a mãe de Deus, que é Mãe de Cristo e dos homens, em especial dos fiéis" (n. 54). A *Lumen Gentium* conclui chamando

Maria de sinal de esperança certa e de consolação para o povo de Deus peregrinante (nn. 68-69). Os Padres do Concílio conscientemente procuraram resistir aos exageros, retornando à ênfase patrística e colocando a devoção e doutrina marianas no seu próprio contexto cristológico e eclesial.

48. Logo após o Concílio, ao se defrontar com um declínio imprevisto na devoção a Maria, o papa Paulo VI publicou a Exortação Apostólica *Marialis Cultus* (1974), para tirar as dúvidas sobre as intenções do Concílio e para promover uma devoção mariana apropriada. O reexame do lugar de Maria no ritual romano revisado mostrou que ela não havia sido "rebaixada" pela renovação litúrgica, mas que sua devoção está apropriadamente localizada dentro do foco cristológico da oração pública da Igreja. Ele refletiu sobre Maria como "exemplo da atitude espiritual com que a Igreja celebra e vive os divinos mistérios" (n. 16). Ela é o modelo para toda a Igreja, mas também uma "mestra da vida espiritual para cada um dos cristãos" (n. 21). De acordo com Paulo VI, a autêntica renovação da devoção mariana deve ser integrada às doutrinas de Deus, de Cristo e da Igreja. A devoção a Maria tem de estar de acordo com as Escrituras e a liturgia da Igreja; ser sensível aos interesses de outros cristãos e também afirmar a dignidade singular das mulheres na vida pública e privada. O Papa também alertou aqueles que erram tanto por exagero quanto por negligência. Finalmente, ele recomendou a recitação do *Angelus* e do Rosário como devoções tradicionais, que são compatíveis com esses princípios. Em 2002, o papa João Paulo II reforçou o foco cristológico do Rosário ao propor cinco "mistérios de Luz" das narrativas retiradas dos evangelhos, do ministério público de Jesus entre seu batismo e paixão. "O Rosário", ele afirma, "ainda que caracterizado pela sua fisionomia mariana, no seu

âmago é oração cristológica" (*Rosarium Virginis Mariae*, n. 1).

49. Maria possui novo destaque no culto anglicano, por meio das renovações litúrgicas do século XX. Na maioria dos livros de orações anglicanos, Maria é novamente mencionada nominalmente nas Orações Eucarísticas. Além disso, 15 de agosto passou a ser amplamente celebrado como a principal festa em louvor a Maria, com leituras bíblicas, coleta e prefácio próprios. Outras festas associadas a Maria também foram renovadas, e recursos litúrgicos foram oferecidos para uso nessas festas. Dado o papel definitivo dos textos e práticas litúrgicas autorizadas nos formulários anglicanos, tais desenvolvimentos são altamente expressivos.

50. Os progressos acima mostram que, nas últimas décadas, uma re-recepção do lugar de Maria no culto comunitário vem tomando lugar na Comunhão Anglicana. Ao mesmo tempo, na *Lumen Gentium* (Capítulo VIII) e na Exortação Apostólica *Marialis Cultus*, a Igreja Católica Romana tentou determinar a devoção a Maria no contexto de ensino da Escritura e da antiga tradição comum. Isso constitui, para a Igreja Católica Romana, uma re-recepção do ensino sobre Maria. A revisão dos calendários e lecionários usados em nossas comunhões, especialmente a provisão litúrgica associada às festas de Maria, evidencia um processo compartilhado de re-recepção do testemunho bíblico quanto ao seu lugar na fé e na vida da Igreja. O diálogo ecumênico crescente tem contribuído para o processo de re-recepção em ambas as comunhões.

51. As Escrituras nos levam a bendizer Maria como serva do Senhor, que foi providencialmente preparada pela graça divina para ser mãe do nosso Redentor. Sua aceitação incondicional ao cumprimento do plano de salvação de Deus pode ser vista como o supremo exemplo do "Amém" de um fiel em resposta ao "Sim" de Deus.

Ela permanece como modelo de santidade, obediência e fé para todos os cristãos. Como aquela que recebeu a Palavra em seu coração e em seu corpo, e a trouxe ao mundo, Maria pertence à tradição profética. Concordamos em nossa crença na bem-aventurada Virgem Maria como *Theotókos*. Nossas duas Comunhões são ambas herdeiras da rica tradição que reconhece Maria como sempre Virgem, e a vê como a Nova Eva e como símbolo da Igreja. Unimo-nos na oração e no louvor a Maria, à qual todas as gerações chamarão de bem-aventurada, na observância de suas festas e em seu louvor na comunhão dos santos, e concordamos que Maria e os santos oram por toda a Igreja (cf., adiante, a seção D). Por tudo isso, vemos Maria inseparavelmente ligada a Cristo e à Igreja. Dentro desta ampla consideração do papel de Maria, nós agora focalizamos a teologia da esperança e da graça.

C. MARIA COMO EXEMPLO DE GRAÇA E ESPERANÇA

52. A participação na glória de Deus, através da intercessão do Filho, no poder do Espírito é o Evangelho da esperança (cf. 2Cor 3,18; 4,4-6). A Igreja já goza dessa esperança e destino por meio do Espírito Santo, que é o "penhor" de nossa herança em Cristo (Ef 1,14; 2Cor 5,5). Para Paulo, em especial, o que significa ser verdadeiramente homem pode apenas ser entendido de maneira correta quando visto à luz do que nos tornamos em Cristo, o "último Adão", em oposição ao que nos tornamos no velho Adão (1Cor 15,42-49, cf. Rm 5,12-21). Essa perspectiva escatológica vê a vida cristã nos termos da visão do Cristo exaltado que leva os fiéis a rejeitarem o pecado que atrapalha (Hb 12,1-2) e a participarem de sua pureza e amor, disponível através de seu sacrifício resgatador (1Jo 3,3; 4,10). Nós, desse

modo, vemos a economia da graça a partir do cumprimento em Cristo "retroagindo" na história, e não "avançando" de seu início na criação pecadora, rumo ao futuro em Cristo. Essa perspectiva oferece nova luz para considerar o lugar de Maria.

53. A esperança da Igreja é baseada no testemunho recebido sobre a presente glória de Cristo. A Igreja proclama que Cristo não foi apenas elevado corporalmente do túmulo, mas exaltado à direita do Pai, para compartilhar da sua glória (1Tm 3,16, 1Pd 1,21). Uma vez que os fiéis estão unidos a Cristo no batismo e tomam parte nos seus sofrimentos (Rm 6,1-6), participam de sua glória através do Espírito e são elevados com ele na antecipação da revelação final (cf. Rm 8,17, Ef 2,6, Cl 3,1). É o destino da Igreja e de seus membros, os "santos" escolhidos em Cristo "antes da fundação do mundo", serem "santos e íntegros" e compartilharem da glória de Cristo (Ef 1,3-5; 5,27). Paulo fala como se fosse do futuro, retrospectivamente, quando diz, "os que predestinou, também os chamou; os que chamou, justificou-os; e os que justificou, também os glorificou" (Rm 8,30). Nos capítulos seguintes da Carta aos Romanos, Paulo explica esse drama multifacetado da eleição de Deus em Cristo, tendo em vista seu fim: a inclusão dos gentios, e de modo que "todo o Israel será salvo" (Rm 11,26).

Maria na economia da graça

54. Dentro dessa estrutura bíblica, consideramos novamente o lugar especial da Virgem Maria na economia da graça, como aquela que deu à luz o Cristo, a eleita de Deus. A palavra de Deus transmitida por Gabriel dirige-se a ela já como "cheia de graça", convidando-a a responder na fé e liberdade ao chamado de Deus (Lc 1,28.38.45). O Espírito opera nela na concepção do Salvador, e esta "bendita mais do que todas as mulheres" é inspirada a cantar:

"todas as gerações me proclamarão bem-aventurada" (Lc 1,42.48). Vista escatologicamente, Maria, desse modo, incorpora o "Israel eleito" do qual Paulo fala – glorificado, justificado, chamado, predestinado. Este é o modelo de graça e esperança que vemos atuando na vida de Maria, que tem lugar especial no destino comum da Igreja como aquela que deu à luz, em sua própria carne, o "Senhor da glória". Maria é marcada desde o início como a escolhida, chamada e agraciada por Deus através do Espírito Santo para a tarefa que está adiante.

55. As Escrituras nos falam das mulheres estéreis que foram abençoadas por Deus com filhos – Raquel, a esposa de Manué e Ana (Gn 30,1-24, Jz 13, 1Sm 1) – e das que ficaram grávidas tardiamente – Sara (Gn 18,9-15; 21,1-7) e a prima de Maria, Isabel, a mais ilustre (Lc 1,7.24). Essas mulheres ressaltam o papel específico de Maria, que não era estéril nem ficou grávida tardiamente, mas era uma virgem fértil: em seu ventre o Espírito realizou a concepção de Jesus. As Escrituras também falam do cuidado de Deus para com todos os seres humanos, antes mesmo de seu nascimento (Sl 139,13-18), e reconta a ação da graça divina precedendo o chamado específico de Deus a determinadas pessoas, desde sua concepção (cf. Jr 1,5; Lc 1,15; Gl 1,15). Com a Igreja primitiva, vemos na aceitação de Maria da vontade divina o resultado de sua preparação anterior, assinalada na afirmação de Gabriel, "cheia de graça". Podemos, desse modo, ver que Deus operava em Maria desde seu início, preparando-a para a vocação única de carregar em sua própria carne o novo Adão, "pois nele tudo foi criado" (Cl 1,16-17). De Maria, quer pessoalmente, quer como figura representativa, podemos dizer que Deus é quem a fez, criada em Cristo Jesus, "para as boas obras que Deus preparou de antemão" (cf. Ef 2,10).

56. Maria, uma virgem pura, deu à luz o Deus encarnado em seu ventre. A intimidade corporal com seu filho foi resultado de seu seguimento cheio de fé e de sua participação maternal na vitoriosa entrega de Jesus (Lc 2,35). Tudo isso está claramente testemunhado na Escritura, como nós vimos. Não há testemunho explícito na Escritura a respeito do fim da vida de Maria. No entanto, certas passagens dão exemplos daqueles que seguiram os propósitos de Deus fielmente e foram colocados na sua presença. Além disso, tais passagens fazem alusões ou analogias parciais que poderiam esclarecer o mistério da entrada de Maria na glória. Por exemplo, o modelo bíblico da escatologia antecipada aparece na narrativa de Estêvão, o primeiro mártir (At 7,54-60). No momento de sua morte, que se assemelha à de seu Senhor, ele "viu a glória de Deus; e Jesus", "o Filho do Homem", não sentado em julgamento, mas "de pé, à direita de Deus", para saudar seu servo fiel. Similarmente, ao ladrão penitente que clama ao Cristo crucificado é dada uma promessa especial de que logo estaria com Cristo no Paraíso (Lc 23,43). O fiel servo de Deus, Elias, subiu ao céu em meio à tempestade (2Rs 2,11); e de Henoc está escrito: "foi agradável a Deus" como homem de fé e, por essa razão, "foi levado, a fim de escapar à morte e não foi mais encontrado, porque Deus o levara" (Hb 11,5; cf. Gn 5,24). Dentro de tal modelo de escatologia antecipada, Maria também pode ser vista como discípula fiel totalmente presente a Deus em Cristo. Desse modo, ela é um sinal de esperança para toda a humanidade.

57. O exemplo de esperança e graça, já prenunciado em Maria, será cumprido na nova criação em Cristo, quando todos os redimidos participarão da glória plena do Senhor (cf. 2Cor 3,18). A experiência cristã da comunhão com Deus neste tempo presente é um sinal e uma prévia da glória e graça divinas, uma esperança com-

partilhada com a criação inteira (Rm 8,18-23). O fiel como indivíduo e a Igreja encontram sua completude na Nova Jerusalém, a santa esposa de Cristo (cf. Ap 21,2; Ef 5,27). Quando os cristãos do Oriente e do Ocidente, ao longo das gerações, refletiram sobre a obra de Deus em Maria, eles discerniram na fé (cf. *Dom*, n. 29) que o Senhor reuniu-a totalmente para si: em Cristo, ela já é nova criação na qual "o mundo antigo passou, eis que aí está uma realidade nova" (2Cor 5,17). De tal perspectiva escatológica, Maria pode ser tanto vista como símbolo da Igreja quanto como discípula, com lugar especial na economia da salvação.

As definições papais

58. Até aqui delineamos nossa fé comum a respeito do lugar de Maria no plano divino. Aos cristãos católicos romanos, no entanto, não é lícito opor-se à declaração dada pelo papa Pio XII, em 1950: "Que a Imaculada Mãe de Deus, a sempre Virgem Maria, terminado o curso de sua vida terrena, foi elevada em corpo e alma à glória celestial". Notamos que o dogma não adota uma posição particular sobre como a vida de Maria terminou,[10] nem usa para ela a linguagem de morte e ressurreição, mas celebra a ação de Deus nela. Desse

---

[10] A referência no dogma de Maria, sendo admitida "de corpo e alma", causou dificuldades para alguns, nos campos histórico e filosófico. O dogma deixa em aberto, no entanto, a questão do que a ausência de seus restos mortais significa em termos históricos. Do mesmo modo, "admitida de corpo e alma", pode ser visto com a intenção de privilegiar uma dada antropologia. Mais positivamente, "admitida de corpo e alma" pode ser visto como tendo implicações cristológicas e eclesiásticas. Maria, "Mãe de Deus", é intimamente, de fato corporalmente, relacionada a Cristo: a própria glorificação corporal dele agora a envolve. E, desde que Maria deu à luz seu corpo carnal, está intimamente relacionada à Igreja, ao corpo de Cristo. Resumindo, a formulação do dogma responde melhor à questão teológica do que às questões históricas ou filosóficas em relação a Maria.

modo, dada a compreensão que alcançamos a respeito do lugar de Maria na economia da esperança e da graça, podemos afirmar, juntamente com o que foi ensinado, que Deus acolheu a bem-aventurada Virgem Maria na completude de sua pessoa em sua glória de acordo com a Escritura e que isso pode, de fato, somente ser entendido à luz da Escritura. Católicos romanos podem reconhecer que esse ensinamento sobre Maria está contido no dogma. Enquanto o chamado e o destino de todos os redimidos seja sua glorificação em Cristo, Maria, como *Theotókos*, possui lugar preeminente dentro da comunhão dos santos e personifica o destino da Igreja.

59. Católicos romanos também confessam que "a beatíssima Virgem Maria, no primeiro instante de sua concepção, por singular graça e privilégio de Deus onipotente, em vista dos méritos de Jesus Cristo, Salvador do gênero humano, foi preservada imune de toda mancha do pecado original" (Dogma da Imaculada Conceição de Maria, definido pelo papa Pio IX, em 1854).[11] A definição ensina que Maria, como todos os outros seres humanos, necessita de Cristo como seu Salvador e Redentor (cf. *Lumen Gentium*, n. 53; *Catecismo da Igreja Católica*, n. 491). A noção negativa da "impecabilidade" corre o risco de obscurecer a completude da obra salvadora de Cristo. Não que Maria tenha falta de algo que os outros seres humanos "têm", ou seja, o pecado, mas sim que a graça gloriosa de Deus preencheu sua vida desde o início.[12] A santidade, que é o nosso

---

[11] A definição dirige-se a uma antiga controvérsia sobre o tempo de santificação de Maria, ao afirmar que aconteceu no exato primeiro momento de sua concepção.

[12] A asserção de Paulo em Romanos 3,23 – "todos pecaram, estão privados da glória de Deus" – pode parecer não permitir exceções, nem mesmo para Maria. No entanto, é importante notar o contexto retórico-apologético do argumento geral de Romanos 1–3, que mostra a igualdade no pecado de judeus e gentios

fim em Cristo (cf. 1Jo 3,2-3), foi vista em Maria, que é o protótipo da esperança da graça para o gênero humano como um todo. De acordo com o Novo Testamento, ser "cheia de graça" tem a conotação de ser livre de pecado por meio do sangue de Cristo (Ef 1,6-7). As Escrituras apontam para a eficácia do sacrifício resgatador de Cristo mesmo para aqueles que vieram antes dele (cf. 1Pd 3,19, Jo 8,56, 1Cor 10,4). Aqui novamente a perspectiva escatológica ilumina nosso entendimento a respeito da pessoa de Maria e do chamado. Em vista da sua vocação para ser mãe do "Santo" (Lc 1,35), podemos afirmar juntos que a obra redentora de Cristo "resgatou" em Maria a profundidade de seu ser, e desde seu início. Isto não é contrário ao ensinamento da Escritura, e somente pode ser entendido à luz desta. Católicos romanos podem reconhecer nisso o que é afirmado pelo dogma – isto é, "imune de toda mancha do pecado original" e "desde o primeiro instante de sua concepção".

60. Concordamos, juntos, que o ensinamento sobre Maria nas duas definições de 1854 e 1950, compreendidas dentro do modelo bíblico da economia da graça e da esperança, delineada aqui, pode ser entendido consoante o ensinamento das Escrituras e das antigas tradições comuns. Entretanto, na compreensão católico-romana, como expressa nessas duas definições, a proclamação de qualquer ensinamento como dogma implica que o ensinamento em questão foi "revelado por Deus" e, por esta razão, deve ser acreditado "firme e constantemente" por todos os fiéis (isto é, *de fide*). O problema que os dogmas podem apresentar para os anglicanos pode ser expresso nos termos do Artigo VI:

(Rm 3,9). Romanos 3,23 tem um propósito específico nesse contexto, que não está relacionado com a questão da "impecabilidade", ou não, de Maria.

A Sagrada Escritura contém tudo o que é necessário para a salvação; desse modo, qualquer coisa que não seja lida aí, nem seja provada por meio dela, não é para ser requerida de nenhum homem, que seja aceita como artigo de fé, nem tida como requisito ou necessidade para a salvação.

Concordamos que nada pode ser requerido para que seja aceito como artigo de fé, a não ser que seja revelado por Deus. A dúvida surge para os anglicanos, no entanto, se tais doutrinas a respeito de Maria foram reveladas por Deus, de maneira que possam ser consideradas pelos fiéis como assunto de fé.

61. As circunstâncias específicas e as formulações precisas das definições de 1854 e 1950 criaram problemas não só para os anglicanos, mas também para outros cristãos. As formulações dessas doutrinas e algumas objeções a elas estão presas ao pensamento daquela época. Em especial, as frases "revelado por Deus" (1854) e "divinamente revelado" (1950) usadas nos dogmas refletem a teologia da revelação, que era dominante na Igreja Católica Romana da época em que as definições foram feitas, e que encontrou expressão oficial na Constituição *Dei Filius,* do Concílio Vaticano I. Devem ser entendidas, hoje, à luz dos aperfeiçoamentos elaborados pelo Concílio Vaticano II em sua Constituição *Dei Verbum*, em especial no que diz respeito ao papel central da Escritura na recepção e transmissão da revelação. Quando a Igreja Católica Romana afirma que uma verdade é "revelada por Deus", não há sugestão de nova revelação. Pelo contrário, entende-se que tais definições são testemunhos que atestam aquilo que foi revelado desde o início. As Escrituras contêm testemunhos fidedignos da revelação divina (*Dom,* n. 19). Essa revelação é recebida pela comunidade de fiéis e transmitida no tempo e lugar por meio da Escritura e por meio da pregação, liturgia, espiritualidade, vida e ensinamento da Igreja, extraídos

das Escrituras. Em *O dom da autoridade*, a Comissão procurou explicar o método pelo qual tal ensinamento oficial poderia originar-se; o ponto-chave seria a necessidade de estar em conformidade com a Escritura, que permanece como primeira referência igualmente para anglicanos e católicos romanos.

62. Anglicanos também questionaram se essas doutrinas devem ser consideradas pelos fiéis como assunto de fé, em vista do fato de o bispo de Roma defini-las como "independentes de um Concílio" (cf. *Autoridade II*, n. 30). Em resposta, católicos romanos apontaram para o *sensus fidelium*, a tradição litúrgica que engloba todas as Igrejas locais e que é suporte ativo dos bispos católicos romanos (cf. *Dom*, nn. 29-30): por meio desses elementos, tais doutrinas eram reconhecidas como pertencentes à fé da Igreja e, por essa razão, capazes de ser definidas (*Dom*, n. 47). Para os católicos romanos, pertence à função do bispo de Roma que ele seja capaz, sob condições estritamente limitadas, de fazer tais definições (cf. *Pastor Aeternus* [1870]; in Denzinger-Schönmetzer, Enchiridion Symbolorum [DS], 3069-3070). As definições de 1854 e 1950 não foram feitas em resposta a controvérsias, mas deram voz ao consenso de fé entre os fiéis em comunhão com o bispo de Roma. Elas foram reafirmadas pelo Concílio Vaticano II. Para os anglicanos, poderia ser o consenso de um concílio ecumênico que, ao ensinar de acordo com as Escrituras, seguramente demonstra que as condições necessárias para o ensino ser *de fide* foram encontradas. Se for o caso, como com a definição de *Theotókos*, tanto os católicos romanos quanto os anglicanos poderiam concordar que o testemunho da Igreja deve ser aceito, firme e constantemente, por todos os fiéis (cf. 1Jo 1,1-3).

63. Os anglicanos têm questionado se seria uma condição para a futura restauração da comunhão plena que fosse

pedido a eles que aceitassem as definições de 1854 e 1950. Os católicos romanos acham difícil imaginar uma restauração da comunhão na qual a aceitação de certas doutrinas seria exigida de alguns e não de outros. Com relação a essas questões, temos nos preocupado que "uma conseqüência de nossa separação tenha sido a tendência tanto de anglicanos quanto de católicos romanos em exagerar a importância dos dogmas de Maria, em si mesmos, em detrimento de outras verdades mais proximamente relacionadas aos fundamentos da fé cristã" (*Autoridade II*, n. 30). Anglicanos e católicos romanos concordam que as doutrinas da Assunção e da Imaculada Conceição de Maria devem ser entendidas à luz da verdade mais central de sua identidade como *Theotókos*, que depende da fé na Encarnação. Reconhecemos que, de acordo com o Concílio Vaticano II e o ensinamento de papas recentes, os contextos cristológico e eclesial para a doutrina da Igreja, que se refere a Maria, estão sendo reaceitos dentro da Igreja Católica Romana. Sugerimos agora que a adoção de uma perspectiva escatológica poderia aprofundar nossa compreensão partilhada do lugar de Maria, na economia da graça e a tradição da Igreja a respeito de Maria que ambas as Comunhões aceitam. Nossa esperança é de que a Igreja Católica Romana e a Comunhão Anglicana reconheçam uma fé comum, no acordo a respeito de Maria, que oferecemos aqui. Tal re-recepção poderia significar que o ensino e devoção marianos em nossas respectivas comunidades, incluindo as diferenças de ênfases, poderiam ser vistos como expressões autênticas da crença cristã.[13] Qualquer re-recepção

---

[13] Em tais circunstâncias, a aceitação explícita da redação precisa das definições de 1854 e 1950 poderiam não ser exigidas de fiéis que não estavam em comunhão com Roma quando foram fixadas. Contrariamente, anglicanos teriam

teria de acontecer dentro do contexto de uma re-recepção mútua da autoridade de magistério na Igreja, como a que foi estabelecida em *O dom da autoridade*.

D. MARIA NA VIDA DA IGREJA

64. "E todas as promessas de Deus encontraram o seu 'Sim' na pessoa dele. Por isso, é por ele que nós dizemos 'Amém' a Deus para sua glória" (2Cor 1,20). O "Sim" de Deus em Cristo toma uma forma distinta e exigente quando é dirigida a Maria. O profundo mistério de "Cristo no meio de vós, a esperança da glória" (Cl 1,27) tem um significado único para ela. Possibilita que ela fale o "Amém" no qual, por meio do "cobrir com a sombra" do Espírito, o "Sim" de Deus à nova criação é inaugurado. Como nós vimos, esse *fiat* de Maria foi distinto, tanto em sua abertura à Palavra de Deus, quanto no caminho que a levou ao pé da cruz, e por onde mais o Espírito a conduziu. As Escrituras retratam Maria em um desenvolvimento crescente em sua relação com Cristo: o compartilhar dele na família dela (Lc 2,39) foi transcendido pelo compartilhar dela na família escatológica dele, sobre os quais o Espírito desceu (At 1,14; 2,1-4). O "Amém" de Maria ao "Sim" de Deus em Cristo, para ela é, desse modo, além de único, um modelo para cada discípulo e para a vida da Igreja.

---

que aceitar que as definições são expressões legítimas da fé católica e devem ser respeitadas como tal, mesmo se essas formulações não foram empregadas por eles. Há exemplos no acordo ecumênico em que, o que um companheiro definiu como *de fide*, pode ser expresso por outro companheiro de maneira diferente, como, por exemplo, na *Declaração Cristológica Comum entre a Igreja Católica Romana e a Igreja Assíria Oriental* (1994) ou a *Declaração Conjunta da Doutrina de Justificação entre a Igreja Católica Romana e a Federação Mundial Luterana* (1999).

65. O resultado do nosso estudo tem sido o reconhecimento das diferenças nos modos pelos quais o exemplo de Maria, vivendo a graça de Deus, tem sido adequado pelas vidas devotas de nossa tradição. Enquanto ambas as tradições reconhecerem o lugar especial de Maria na comunhão dos santos, diferentes ênfases têm marcado a maneira com que experimentamos o seu ministério. Anglicanos tendem a começar pela reflexão do exemplo bíblico de Maria como uma inspiração e modelo para o discipulado. Católicos romanos têm dado destaque para o atual ministério de Maria na economia da graça e a comunhão dos santos. Maria mostra o povo a Cristo, recomendando-o a ele e ajudando-o a compartilhar da vida dele. Nenhuma dessas caracterizações gerais faz justiça à riqueza e diversidade de cada tradição; o século XX testemunhou um crescimento específico na convergência, na medida em que muitos anglicanos foram chamados a uma devoção a Maria mais ativa, e os católicos romanos descobriram, novamente, as raízes bíblicas de tal devoção. Juntos, concordamos que, na compreensão de Maria como o exemplo humano mais perfeito de vida da graça, somos chamados a refletir as lições de sua vida narradas na Escritura e a unirmo-nos a ela como se fôssemos realmente um, não mortos, mas verdadeiramente vivos em Cristo. Fazendo isso, caminhamos juntos como peregrinos na comunhão com Maria, a principal discípula de Cristo, e com todos aqueles cuja participação na nova criação nos encoraja a sermos fiéis ao nosso chamado (cf. 2Cor 5,17.19).

66. Conscientes do lugar eminente de Maria na história da salvação, os cristãos reservam-lhe um lugar especial em suas orações privadas e litúrgicas, louvando a Deus por aquilo que tem feito nela e por meio dela. Ao cantar o *Magnificat*, eles louvam a Deus com ela; na Eucaristia, eles rezam com ela como fazem com todo o povo

de Deus, integrando suas orações na grande comunhão dos santos. Eles reconhecem o lugar de Maria na "oração de todos os santos", que é expressa diante do trono de Deus na liturgia celeste (Ap 8,3-4). Todas essas maneiras de incluir Maria no louvor e na oração pertencem à nossa herança comum, como também nosso reconhecimento de sua posição única como *Theotókos*, que lhe dá um lugar distinto na comunhão dos santos.

Intercessão e mediação na comunhão dos santos

67. A prática dos fiéis de pedir a Maria para interceder por eles junto a seu Filho cresceu rapidamente após ser ela declarada *Theotókos* no Concílio de Éfeso. A forma mais comum, hoje, de tal intercessão é a "Ave Maria". Essa forma combina as saudações de Gabriel e Isabel a ela (Lc 1,28.42). Foi amplamente utilizada desde o século V, sem a frase final, "rogai por nós pecadores, agora e na hora de nossa morte", introduzida pela primeira vez no século XV e incluída no *Breviário Romano* por Pio V, em 1568. Os reformadores ingleses criticaram essa invocação e formas similares de oração, pois acreditavam que ameaçavam a mediação única de Cristo. Confrontados com exagerada devoção, e contrários à excessiva exaltação do papel e dos poderes de Maria em comparação com os de Cristo, eles rejeitaram a "doutrina romana da [...] invocação dos Santos" por "não ser baseada em nenhum texto da Escritura, mas, pelo contrário, por ser incompatível com a Palavra de Deus" (Artigo XXII). O Concílio de Trento afirmou que buscar a assistência dos santos para obter favores de Deus é "bom e útil": tais pedidos são feitos "através de seu Filho, nosso Senhor Jesus Cristo, que é nosso único redentor e salvador" (DS, 1821). O Concílio Vaticano II apoiou a prática dos fiéis em pedir a Maria que reze por eles, enfatizando que "o papel maternal de Maria não faz

nenhuma sombra nem diminui em nada a mediação única de Jesus [...] da qual tira toda a sua força. Não coloca nenhum obstáculo à união imediata dos fiéis com Cristo, mas até a favorece" (*Lumen Gentium*, n. 60). Por essa razão, a Igreja Católica Romana continua a promover a devoção a Maria, enquanto reprova aqueles que ou exageram ou minimizam o papel de Maria (*Marialis Cultus*, n. 31). Com este panorama em mente, buscamos um caminho teologicamente fundado para chegar, de maneira mais unida, à vida de oração em comunhão com Cristo e seus santos.

68. As Escrituras ensinam que "há um só Deus e também um só mediador entre Deus e os homens, um homem, Cristo Jesus, que se entregou como resgate por todos" (1Tm 2,1-6). Como visto antes, na base deste ensinamento "rejeitamos qualquer interpretação do papel de Maria que obscureça esta afirmação" (*Autoridade II*, n. 30). É também verdade, no entanto, que todos os ministérios da Igreja, especialmente aqueles da Palavra e do sacramento, mediam a graça de Deus por meio de seres humanos. Esses ministérios não competem com a mediação única de Cristo, mas, pelo contrário, servem e têm sua fonte nela. Em particular, a oração da Igreja não permanece ao lado ou no lugar da intercessão de Cristo, mas é feita por meio dele, nosso Advogado e Mediador (cf. Rm 8,34; Hb 7,25; 12,24; 1Jo 2,1). A oração encontra tanto sua possibilidade quanto prática no e por meio do Espírito Santo, o outro Advogado enviado conforme a promessa de Cristo (cf. Jo 14,16-17). Por isso, ao pedir a nossos irmãos e irmãs, na terra e no céu, para orar por nós, não contestamos a obra mediadora única de Cristo, mas é, ao contrário, um meio pelo qual, no e por meio do Espírito Santo, seu poder pode ser manifestado.

69. Em nossa oração como cristãos, dirigimos nossos pedidos a Deus, nosso Pai celeste, em Jesus Cristo e por meio dele, na medida em que o Espírito Santo nos move e nos torna aptos. Toda invocação acontece na comunhão, que é o ser e o dom de Deus. Na vida de oração, invocamos o nome de Cristo em solidariedade com toda a Igreja, assistida pelas preces de irmãos e irmãs de todo tempo e lugar. Como a ARCIC já expressou previamente, "A peregrinação de fé do fiel vive com o suporte mútuo de todo o povo de Deus. Em Cristo, todos os fiéis, tanto os vivos quanto os mortos, estão unidos numa comunhão de oração" (*Salvação e a Igreja*, n. 22). Na experiência dessa comunhão de oração, os fiéis estão conscientes de seu contínuo companheirismo com irmãs e irmãos que "adormeceram", a grande "nuvem de testemunhas" que nos cerca enquanto corremos a corrida da fé. Para alguns, essa intuição significa sentir a presença de amigos; para outros, pode significar ponderar as questões da vida com aqueles que morreram antes deles na fé. Tal experiência intuitiva afirma nossa solidariedade em Cristo com cristãos de todos os tempos e lugares, não menos com a Mulher, por meio da qual ele se tornou "à nossa semelhança, sem todavia pecar" (Hb 4,15).

70. As Escrituras convidam os cristãos a pedir a seus irmãos e irmãs para rezar por eles, em e por meio de Cristo (cf. Tg 5,13-15). Aqueles que estão agora "com Cristo", não confinados pelo pecado, compartilham a incessante oração e louvor, que caracterizam a vida do céu (por exemplo: Ap 5,9-14; 7,9-12; 8,3-4). À luz desses testemunhos, muitos cristãos acharam que os pedidos por ajuda na oração poderiam, correta e efetivamente, ser feitos àqueles membros da comunhão dos santos distintos por sua vida santa (cf. Tg 5,16-18). É nesse sentido que afirma-

mos que pedir aos santos para que orem por nós não deve ser excluído como não-bíblico, embora não esteja diretamente ensinado pelas Escrituras como elemento indispensável de vida em Cristo. Além disso, concordamos que a maneira como a ajuda é buscada não deve obscurecer o acesso direto do fiel com Deus, nosso Pai celeste, que se alegra em dar coisas boas para seus filhos (Mt 7,11). Quando, no Espírito e por meio de Cristo, os fiéis dirigem suas orações a Deus, eles são assistidos pelas orações de outros fiéis, em especial daqueles que estão verdadeiramente vivos em Cristo e livres de pecado. Notamos que as formas litúrgicas de oração são dirigidas a Deus: eles não voltam sua oração "aos" santos, mas, pelo contrário, pedem a eles para que "orem por nós". No entanto, neste e em outros casos, qualquer conceito de invocação que obscureça a economia trinitária da graça e esperança deve ser rejeitada, como em desacordo com a Escritura ou com as antigas tradições comuns.

O ministério de Maria

71. Entre todos os santos, Maria toma seu lugar como *Theotókos*: viva em Cristo, ela permanece com aquele o qual deu à luz, ainda "altamente favorecida" na comunhão de graça e esperança, um exemplo da humanidade redimida, um ícone da Igreja. Conseqüentemente, acredita-se que ela exerça um ministério distinto de assistência aos outros por meio de sua oração ativa. Muitos cristãos, ao ler a narrativa de Caná, continuam a ouvir Maria instruindo-os: "Fazei tudo o que ele vos disser!", e confiam que ela consiga a atenção de seu Filho para as necessidades deles: "Eles não têm vinho!" (Jo 2,1-12). Muitos experimentam um sentimento de empatia e solidariedade com Maria, especialmente nos pontos cruciais, quando a narrativa da sua vida repercute

a deles; por exemplo, a aceitação da vocação, o escândalo de sua gravidez, o ambiente improvisado de seu parto, dar à luz e escapar como fugitiva. Representações de Maria ao pé da cruz e sua imagem tradicional recebendo o corpo crucificado de Jesus (a *Pietà*) evocam o sofrimento de uma mãe diante da morte de seu filho. Anglicanos e católicos romanos, da mesma maneira, são atraídos pela mãe de Cristo, como uma figura de ternura e compaixão.

72. O papel maternal de Maria, pela primeira vez afirmado nas narrativas evangélicas de seu relacionamento com Jesus, desenvolveu-se de várias maneiras. Os fiéis cristãos reconhecem Maria como mãe de Deus encarnado. Ao ponderarem as últimas palavras de nosso Salvador ao discípulo amado: "Eis a tua mãe" (Jo 19,27), devem escutar o convite a tomar Maria como a querida "mãe dos fiéis": ela cuidará deles como cuidou de seu filho quando ele precisou. Ao ouvir Eva ser chamada de "mãe de todo vivente" (Gn 3,20), os fiéis cristãos devem ver Maria como a mãe da nova humanidade, ativa em seu ministério de conduzir todo o povo a Cristo, buscando o bem-estar de todos os viventes. Estamos de acordo que, com o devido cuidado no uso de tais imagens, devemos aplicá-las a Maria, como uma forma de louvar sua relação com seu Filho e a sua eficácia na obra redentora de Jesus.

73. Muitos cristãos acham que dar expressão devocional à apreciação do ministério de Maria enriquece sua adoração a Deus. A autêntica devoção popular a Maria, a qual por sua natureza exibe uma diversidade amplamente individual, regional e cultural, deve ser respeitada. As multidões, que se reúnem em alguns lugares onde se acredita que Maria apareceu, sugerem que tais aparições são uma importante parte dessa devoção e proporcionam confor-

to espiritual. Há a necessidade de um discernimento cuidadoso ao avaliar o valor espiritual de uma suposta aparição. Isso foi enfatizado em um recente comentário católico romano:

> Revelação privada [...] pode ser uma ajuda genuína na compreensão do Evangelho e na melhor vivência de um momento particular no tempo; por essa razão, não deve ser desprezada. É uma ajuda oferecida, mas ninguém é obrigado a usá-la [...]. O critério para a veracidade e valor de uma revelação privada é, assim, sua orientação ao próprio Cristo. Quando nos leva para longe dele, quando se torna independente dele ou se apresenta como outro e melhor plano de salvação, mais importante que o Evangelho, então certamente não vem do Espírito Santo (Congregação para a Doutrina da Fé, *Comentário teológico da mensagem de Fátima*, 26 de junho de 2000).

Concordamos que, dentro das restrições feitas neste ensinamento para assegurar que o louvor devido a Cristo permaneça preeminente, tal devoção particular é aceitável, embora nunca exigida dos fiéis.

74. Quando Maria foi pela primeira vez reconhecida por Isabel como mãe do Senhor, ela respondeu louvando a Deus e proclamando sua justiça ao pobre no *Magnificat* (Lc 1,46-55). Na resposta de Maria, podemos ver uma atitude de humildade para com Deus, que reflete o divino compromisso e a opção preferencial pelo pobre. Em sua impotência ela é exaltada por Deus. Embora o testemunho de sua obediência e aceitação da vontade de Deus tenha algumas vezes sido usado para encorajar a passividade e impor servidão às mulheres, é corretamente visto como um compromisso radical com Deus, que tem piedade de sua serva, eleva o pequeno e rebaixa o poderoso. Questões de justiça para mulheres e capacitação dos oprimidos surgiram da reflexão diária

sobre o notável cântico de Maria. Inspirada por suas palavras, comunidades de mulheres e homens de várias culturas comprometeram-se a trabalhar com o pobre e o excluído. Apenas quando a alegria é alcançada com justiça e paz, estamos realmente compartilhando da economia da esperança e graça que Maria proclama e representa.

75. Quando afirmamos, juntos, sem qualquer ambigüidade, a mediação única de Cristo, que traz frutos para a vida da Igreja, não consideramos a prática de pedir a Maria e aos santos, para que orem por nós, como uma divisão entre nossas Comunhões. Desde que os obstáculos do passado foram removidos pelo esclarecimento da doutrina, pela reforma litúrgica e por normas práticas para mantê-la, acreditamos que não há razão teológica pendente para a divisão eclesial nesses assuntos.

CONCLUSÃO

76. Nosso estudo, que se inicia com a cuidadosa leitura eclesial e ecumênica das Escrituras, à luz das antigas tradições comuns, iluminou de maneira nova o lugar de Maria na economia de esperança e graça. Juntos, reafirmamos os acordos alcançados previamente pela ARCIC, na *Autoridade da Igreja II*, n. 30:

> ➤ que qualquer interpretação do papel de Maria não deve obscurecer a mediação única de Cristo;

> ➤ que qualquer consideração a respeito de Maria deve estar ligada às doutrinas de Cristo e da Igreja;

> ➤ que reconhecemos a bem-aventurada Virgem Maria como *Theotókos*, a Mãe de Deus encarnado, e assim observamos suas festas e a honramos entre os santos;

➤ que Maria foi preparada pela graça para ser mãe do nosso Redentor, pelo qual ela própria foi redimida e recebida na glória;

➤ que reconhecemos Maria como modelo de santidade, fé e obediência para todos os cristãos; e

➤ que Maria pode ser vista como uma figura profética da Igreja.

Acreditamos que a presente declaração aprofunde e estenda significativamente esses acordos, colocando-os dentro de um estudo abrangente da doutrina e devoção associadas a Maria.

77. Estamos convencidos de que qualquer tentativa de chegar a um entendimento reconciliado desses assuntos deve começar pela escuta da Palavra de Deus nas Escrituras. Portanto, nossa declaração comum começa com um estudo cuidadoso do rico testemunho do Novo Testamento a respeito de Maria, à luz de todos os temas e modelos na Escritura como um todo.

➤ Este estudo levou-nos à conclusão de que é impossível ser fiel à Escritura sem dar a devida atenção à pessoa de Maria (nn. 6-30).

➤ Ao recordarmos juntos as antigas tradições comuns, discernimos novamente a importância central da *Theotókos* nas controvérsias cristológicas, e o uso das imagens bíblicas dos Padres para interpretar e celebrar o lugar de Maria no plano de salvação (nn. 31-40).

➤ Revimos o crescimento da devoção a Maria nos séculos medievais e as controvérsias teológicas associadas a eles. Vimos como alguns excessos de devoção no final da Idade Média, e as reações dos reformadores contra tais excessos, contribuíram para a quebra da comunhão entre nós, depois da qual as atitudes a respeito de Maria tomaram rumos divergentes (nn. 41-46).

➤ Também notamos a evidência de desenvolvimentos subseqüentes em ambas as Comunhões, que abriram o caminho para a re-recepção do lugar de Maria na fé e na vida da Igreja (nn. 47-51).

➤ Essa convergência crescente também permitiu-nos uma aproximação, num modo novo, de questões sobre Maria que nossas Comunhões tinham estabelecido antes de nós. Ao fazer isso, nós estabelecemos nosso trabalho dentro de um padrão de graça e esperança que descobrimos nas Escrituras – "os que predestinou... chamou-os... justificou-os... glorificou-os" (Rm 8,30) (nn. 52-57).

Avanços na Declaração de Acordo

78. Como resultado de nosso estudo, a Comissão oferece os seguintes acordos, que acreditamos ser um significativo avanço em nosso consenso a respeito de Maria. Afirmamos juntos:

➤ o ensinamento de que Deus acolheu em sua glória a bem-aventurada Virgem Maria na completude da sua pessoa, de acordo com a Escritura, e somente à luz desta (n. 58);

➤ que, em vista da vocação de Maria para ser a mãe do Santo, a obra redentora de Cristo "resgatou" em Maria a profundidade de seu ser, e desde seu início (n. 59);

➤ que o ensinamento sobre Maria em duas definições da Assunção e da Imaculada Conceição, entendido dentro do modelo bíblico da economia da esperança e graça, pode ser considerado consoante o ensinamento das Escrituras e das antigas tradições comuns (n. 60);

➤ que este acordo, quando aceito pelas nossas duas Comunhões, colocaria as questões sobre autoridade surgidas das duas definições de 1854 e 1950, em novo contexto ecumênico (nn. 61-63);

➤ que Maria tem um ministério contínuo que serve o ministério de Cristo, nosso único mediador; que Maria e os santos oram por toda a Igreja e que a prática de pedir a Maria e aos santos para que orem por nós não impede a Comunhão (nn. 64-75).

79. Concordamos que as doutrinas e devoções contrárias à Escritura não podem ser consideradas reveladas por Deus nem ensinadas pela Igreja. Concordamos que a doutrina e devoção que focalizam Maria, incluindo alegações de "revelações privadas", devem ser balizadas por normas cuidadosamente expressas, as quais assegurem o lugar único e central de Jesus Cristo na vida da Igreja, e que Cristo sozinho, junto com o Pai e o Espírito Santo, deve ser adorado na Igreja.

80. Nossa declaração buscou não superar todos os problemas possíveis, mas sim aprofundar nosso entendimento comum nos pontos em que, havendo diversidade de práticas devocionais, poderiam ser vistos como obras diferentes do Espírito em meio ao povo de Deus. Acreditamos que o acordo que acabamos de delinear é, em si, o produto de uma re-recepção de anglicanos e católicos romanos quanto à doutrina sobre Maria, e isso aponta para a possibilidade de reconciliação futura, em que as questões a respeito da doutrina e devoção a Maria não mais precisem ser vistas como divisão da comunhão, ou obstáculo em uma nova etapa de nosso crescimento a uma visível *koinonia*. Esta Declaração de Acordo é, ago-

ra, oferecida às nossas respectivas autoridades. Poderia também, em si, vir a ser um estudo valioso do ensinamento das Escrituras e das antigas tradições comuns a respeito da bem-aventurada Virgem Maria, Mãe de Deus encarnado. Nossa esperança é que, como compartilhamos de um único Espírito pelo qual Maria foi preparada e santificada devido a sua vocação única, possamos participar junto com ela e com todos os santos da infindável glória de Deus.

MEMBROS DA COMISSÃO

Membros anglicanos

Reverendíssimo Frank Griswold, Bispo Presidente da Igreja Episcopal (EUA) *(Co-presidente até 2003)*

Reverendíssimo Peter Carnley, Arcebispo de Perth e Primaz da Igreja Anglicana da Austrália *(Co-presidente desde 2003)*

Rt. Rev. John Baycroft, Bispo aposentado de Ottawa, Canadá

Dr. E. Rozanne Elder, Professor de História, Universidade de Western Michigan, EUA

Rev. Prof. Jaci Maraschin, Professor de Teologia, Instituto Ecumênico, São Paulo, Brasil

Rev. Dr. John Muddiman, Professor de Novo Testamento na Universidade de Oxford, Mansfield College, Reino Unido

Rt. Rev. Dr. Michael Nazir-Ali, Bispo de Rochester, Reino Unido

Rev. Côn. Dr. Nicholas Sagovsky, Teólogo da Abadia de Westminster, Londres, Reino Unido

Rev. Côn. Dr. Charles Sherlock, Diretor, Melbourne College of Divinity, Austrália

Secretários

Rev. Côn. David Hamid, Diretor de Assuntos e Estudos Ecumênicos, Anglican Communion Office, Londres, Reino Unido *(até 2002)*

Rev. Côn. Gregory K Cameron, Diretor de Assuntos e Estudos Ecumênicos, Anglican Communion Office, Londres, Reino Unido *(desde 2002)*

Observadores do Arcebispo de Canterbury

Rev. Côn. Dr. Richard Marsh, Secretário do Arcebispo de Canterbury para Assuntos Ecumênicos, Londres, Reino Unido *(até 1999)*

Rev. Dr. Herman Browne, Secretário Assistente do Arcebispo de Canterbury para Assuntos Ecumênicos e Anglican Communion Affairs *(de 2000-2001)*

Rev. Côn. Jonathan Gough, Secretário do Arcebispo de Canterbury para Ecumenismo, Londres, Reino Unido *(desde 2002)*

Membros católicos romanos

Rt. Rev. Cormac Murphy-O'Connor, Bispo de Arundel e Brighton, Reino Unido *(Co-presidente até 2000)*

Reverendíssimo Alexander Brunett, Arcebispo de Seattle, EUA *(Co-presidente desde 2000)*

Irmã Sara Butler, msbt, Professora de Teologia Dogmática, St Joseph's Seminary, Yonkers, Nova York, EUA

Rev. Dr. Peter Cross, Professor de Teologia Sistemática, Catholic Theological College, Clayton, Austrália

Rev. Dr. Adelbert Denaux, Professor, Faculdade de Teologia, Universidade Católica, Leuven, Bélgica

Rt. Rev. Brian Farrell, lc, Secretário, Pontifício Conselho para Promoção da Unidade Cristã, Cidade do Vaticano *(desde 2003)*

Rt. Rev. Walter Kasper, Secretário, Pontifício Conselho para Promoção da Unidade Cristã, Cidade do Vaticano *(de 1999-2000)*

Rt. Rev. Malcolm McMahon, op, Bispo de Nottingham, Reino Unido *(desde 2001)*

Rev. Prof. Charles Morerod, op, Deão da Faculdade de Filosofia, Universidade Pontifícia San Tommaso d'Aquino, Roma, Itália *(desde 2002)*

Rt. Rev. Marc Ouellet, pss, Secretário, Pontifício Conselho para Promoção da Unidade Cristã, Cidade do Vaticano *(de 2001-2002)*

Rev. Jean Tillard, op, Professor, Faculdade Dominicana de Teologia, Ottawa, Canadá *(falecido em 2000)*

Rev. Prof. Liam Walsh, op, Professor Emérito, Faculdade de Teologia, Universidade de Friburgo, Suíça

Secretários

Rev. Mons. Timothy Galligan, Membro do Staff, Pontifício Conselho para Promoção da Unidade Cristã, Cidade do Vaticano *(até 2001)*

Rev. Côn. Donald Bolen, Membro do Staff, Pontifício Conselho para Promoção da Unidade Cristã, Cidade do Vaticano *(desde 2001)*

Consultor

Dom Emmanuel Lanne, osb, Monastério de Chevetogne, Bélgica *(desde 2000)*

Observador do Conselho Mundial de Igrejas

Rev. Dr. Michael Kinnamon, Deão, Lexington Theological Seminary, Kentucky, EUA *(até 2001)*

Staff administrativo

Sra. Christine Codner, Anglican Communion Office, Londres, Reino Unido

Srta. Giovanna Ramon, Pontifício Conselho para Promoção da Unidade Cristã, Cidade do Vaticano

SUMÁRIO

Prefácio dos Co-Presidentes 5

Status do Documento 7

INTRODUÇÃO 9

A. MARIA SEGUNDO AS ESCRITURAS 13

    O testemunho da Escritura:
trajetória de graça e esperança 14

    Maria na narrativa do nascimento
em Mateus 17

    Maria na narrativa do nascimento
de Lucas 18

    A concepção virginal 20

    Maria e a verdadeira família de Jesus 21

    Maria no evangelho de João 22

    A mullher em Apocalipse 12 25

    Reflexão bíblica 27

B. MARIA NA TRADIÇÃO CRISTÃ 28

    Cristo e Maria na antiga tradição comum 28

    A celebração de Maria
na antiga tradição comum 30

    O crescimento da doutrina
e devoção marianas na Idade Média 34

    Da Reforma até os dias de hoje 36

C. MARIA COMO EXEMPLO DE GRAÇA E ESPERANÇA 41

    Maria na economia da graça 42

    As definições papais 45

D. MARIA NA VIDA DA IGREJA 51

    Intercessão e mediação na comunhão
dos santos 53

    O ministério de Maria 56

CONCLUSÃO 59

    Avanços na Declaração de Acordo 62

MEMBROS DA COMISSÃO 65

Impresso na gráfica da
Pia Sociedade Filhas de São Paulo
Via Raposo Tavares, km 19,145
05577-300 - São Paulo, SP - Brasil - 2005